EDDI ANDREAS
GARANTIERT
WALKING BASS
LERNEN

MIT CD-PLAY-ALONGS
Jetzt auch zum
DOWNLOAD!

AF287394

Jazz-Harmonik
leicht verständlich
und praxisnah erklärt

alle Übungen anhand Standard-Akkordfolgen
und auf CD zum Mitspielen

mit Internet-Unterstützung

Alfred

Für meinen Helden Bambú

Danke
Tilman Droste
Michael Hauser
Jäcki Reznicek
Tatiana Peraffán
Debora Wachter
Gitarre & Bass
Thomas Petzold
Monika und Manfred Andreas

Special Thanks
Lothar Sternke („Studier' doch Bass in L.A.")
Ed Lucie („There is no such thing as a half-musician")

Umschlaggestaltung & Fotos
Abel Menéndez (cienfuegos@linuxmail.org)

Layout
Sven Wagner (www.swaenk.de)

CD-Einspielung
Tilman Droste (Gitarre)
Enno Lange (Schlagzeug)

Lektorat & Redaktion
Thomas Petzold

Alle Rechte vorbehalten
© 2005 by **Alfred** Music Publishing GmbH
Lützerathstraße 127 • 51107 Köln
alfred.com | **info@alfredverlag.de**

Printed in Germany
ISBN 3-933136-30-X
Bestell-Nr. ALF 20113G

ONLINE AUDIO
Note the code:
Zum Lieferumfang dieses Buchs gehört auch eine **Audio-CD**. Solltest du **keinen CD-Player** besitzen, kannst du dir die dazugehörigen **MP3-Dateien** auf unserer Website downloaden:

alfred.com/redeem/
Dein Password: 393313630X

INHALT

VORWORT

Willkommen zu **GARANTIERT WALKING BASS LERNEN**! Das Besondere an diesem Buch ist, dass es zwei Fliegen mit einer Klappe schlägt: Einerseits lernst Du Schritt für Schritt, Walking Bass zu spielen, andererseits erlernst Du „spielend" (im wahrsten Sinne des Wortes!) die Grundlagen der Jazz-Harmonik.

Im Gegensatz zu herkömmlichen Harmonielehren bietet dieses Buch außerdem den Vorteil, dass es von einem Bassisten für Bassisten geschrieben ist: Es entfällt das Studium der Klaviertastatur und alle theoretischen Erkenntnisse können sofort auf Bass-typische Situationen angewendet werden.

Im Grunde genommen ist dieses Lehrbuch genau die Anleitung, die ich mir gewünscht habe, als ich zum ersten Mal mit Jazz in Berührung kam: Ich hielt meinen Bass in der Hand, das gab mir ein beruhigendes Gefühl – aber dann legte mir jemand ein Notenblatt mit Akkordsymbolen vor und befahl mir, „Walking Bass" zu spielen! Auf meinen verzweifelten Gesichtsausdruck antwortete diese Person nur mit: „Naja, Du weißt ja, welche Noten in den einzelnen Akkorden enthalten sind, dann leg' mal los!"

Warum, so könnte mich der Leser an dieser Stelle kritisch fragen, sollte dem Käufer dieses Buches also erspart bleiben, was dem Autor selbst widerfahren ist? Nun, dieses Buch ersetzt nicht den persönlichen Lernprozess, sondern im Gegenteil: Es bietet eine Anleitung zum „learning by doing", indem ich alle Lernschritte zu Papier gebracht und methodisch sinnvoll geordnet habe.

FÜR WEN IST DIESES BUCH?

Dieses Buch richtet sich an E-Bassisten und Kontrabassisten, die zwar keine Anfänger mehr auf ihrem Instrument sind, bisher aber mit Jazz nicht oder eher wenig in Berührung gekommen sind. Um mit dem Buch Erfolg zu erzielen, sollten folgende Voraussetzungen erfüllt sein:

•**Technisch** solltest Du am Instrument so sicher sein, dass Du beim Spielen nicht ständig über die Benutzung Deiner Finger nachdenken musst.

•**Musiktheoretisch** solltest Du soweit vorgebildet sein, dass Du Noten lesen (oder zumindest entziffern) kannst und grundlegende Dinge wie den Aufbau einer Dur-Tonleiter oder eines Dreiklangs verinnerlicht hast. Überprüfen und gegebenenfalls auffrischen kannst Du Deine Theorie-Kenntnisse auf den folgenden Seiten (unter „Erforderliche Vorkenntnisse", S. 7).

WAS BEDEUTET WALKING BASS?

Unter dem Begriff **Walking Bass** versteht man in der Regel fortlaufende Viertelnoten, die der Bassist über eine Akkordfolge improvisiert. Diese Spielweise tauchte erstmals im Swing-Jazz der 1930er Jahre auf. Als dann Ende der 1960er Jahre die Vermischung von Jazz und Rock mit Bands wie „Blood, Sweat & Tears" ihren Höhepunkt fand, spielten auf einmal auch Rockbassisten Walking Bass.

Heute ist die Fähigkeit, Walking Bass zu improvisieren, eine Grundvoraussetzung für jeden professionellen Bassisten. Durch die Beschäftigung mit dem Walking Bass rüstet sich der Bassist aber nicht nur für die Welt des Jazz; er formt auch sein Harmonie-Verständnis, welches er direkt auf andere Musikstile anwenden kann.

Das **Buch** umfasst elf Kapitel mit fortlaufend wachsendem Schwierigkeitsgrad. Die Kapitel enthalten kurze Texte, die die Übungen erklären und Besonderheiten zu den verwendeten Jazz-Standard-Akkordfolgen erläutern. Im Gegensatz dazu stehen drei theoretische Teile, die vor den Kapiteln positioniert sind, für welche dieses Wissen Voraussetzung ist. Kapitel 11 enhält Tipps und Ergänzungen, die man sich auch mal durchlesen kann, wenn man das Buch noch nicht komplett durchgearbeitet hat.

Die Übungsansätze („**Ü**") werden in Notenbeispielen veranschaulicht. Diese sollten nicht als Blattspiel-Übungen betrachtet werden, da sonst der „Effekt des Verstehens" entfällt und das Erlernte nicht auf andere Stücke angewendet werden kann. Zusätzlich zum Ablesen der Noten sollten die vorgestellten Aspekte des Walking Bass-Spiels also auch gedanklich nachvollzogen werden. Um sicherzustellen, dass ein Kapitel verstanden wurde, empfiehlt es sich, die Übungen auch auf andere Stücke zu übertragen. Hierzu kann der Anhang dienlich sein.

Der **Anhang** enthält viele praktische Hilfen, u.a. Übersichten von Skalen und Akkorden, Griffbildern und Akkordsymbol-Synonymen. Zum Üben von Dreiklängen und Vierklängen gibt es sogenannte Drill-Übungen („**D**"). Sämtliche im Buch vorgestellten Übungs-Konzepte kann und sollte man auf diese Drill-Übungen und auf die ebenfalls im Anhang befindlichen „Lead Sheets" (Themen der in diesem Buch vorkommenden Standard-Akkordfolgen) übertragen.

Noch etwas: Es ist nicht verboten und sogar erwünscht, das „Erlernte" auch mal zum Solo-Spiel und nicht nur im Walking Bass auszuprobieren!

ZUM UMGANG MIT DIESEM BUCH

Jede Übung („**Ü**") ist als Hörbeispiel auf der **CD** enthalten. Ab Titel 38 wiederholen sich alle Stücke des Buches ohne Bass, damit man zur CD mitspielen kann („**Play-Along**"). Eine Play-Along Übersicht findet sich auf *Seite 96* und eine vollständige CD Übersicht im Anhang auf *Seite 120*. Von Stücken, die im Buch häufiger vorkommen, sind mehrere Durchgänge fortlaufend ohne Unterbrechung aufgenommen: Das bietet den Vorteil, dass man über eine längere Strecke mit der CD üben kann, ohne nach jedem Durchgang eine Pause machen zu müssen.

ZUM UMGANG MIT DER CD

Eine Lerngarantie zu geben, ist ein hoher Anspruch! Und in der Tat ist es gerade im instrumentalpädagogischen Bereich besonders schwierig, hängt der Lernerfolg doch gerade auch von den individuellen Voraussetzungen des Lernenden ab. Dennoch haben der Verlag und ich uns dazu entschlossen, den Titel GARANTIERT WALKING BASS LERNEN ganz bewusst zu wählen.

Denn erstens nähert sich dieses Buch dem Thema Walking Bass auf sehr einfache und pragmatische Weise, auch wenn beim Leser grundlegende musiktheoretische sowie Notenkenntnisse vorausgesetzt werden.

Und zweitens bieten wir mit der Internet-Unterstützung einen Service an, der den individuellen Lernerfolg absichern kann. Für den Fall, dass sich Verständnisfragen ergeben, findest Du also weitere Unterstützung im Internet unter **www.garantiertbass.de**.

GARANTIERT WALKING BASS LERNEN

- Anstelle der im Deutschen üblichen Tonnamen „H" und „B" kommen in diesem Buch ausschließlich die **internationalen Bezeichnungen „B" und „Bb"** vor. Also: **H = B** und **B = Bb**!

- Um stets den direkten Zusammenhang zwischen Akkordtönen und Tonleiter-Stufen herzustellen, werden **Intervalle** (ähnlich dem Englischen) nur mit Ziffern bezeichnet. Wer an die lateinischen Bezeichnungen gewöhnt ist, kann eine „3" und eine „7" sicher als „Terz" und „Septime" erkennen. Meiner Erfahrung nach ist die **Ziffern-Methode** jedoch verständlicher und natürlicher da frei von Fremdwörtern.

- Bei der **Ziffern-Methode** wird in diesem Buch nicht zwischen großen und kleinen Intervallen unterschieden. Z.B. werden sowohl eine große Terz als auch eine kleine Terz nur als „3" dargestellt. Die Qualität des Intervalls (also ob groß oder klein, vermindert oder übermäßig) muss der Bassist aus dem Akkordsymbol ablesen können.

- **Notenschlüssel und Tonart-Vorzeichen** werden nur zu Anfang jedes Stücks gezeigt. Dies entspricht der Tradition des im Jazz bewährten (handschriftlichen) „Real Book".

- Die verwendeten **Akkordsymbole** entsprechen der Schreibweise des „Real Book", soweit die Computer-Notation dies zulässt.

Mythos Nr. 1 *„Typischerweise besteht der Walking Bass aus Akkordtönen, die über chromatische Töne von unten oder von oben angespielt werden."*

Dieser Mythos ist in etwa so komplett, als würde man sagen: „Um sicher auf der Autobahn unterwegs zu sein, reicht es zu wissen, wie man den fünften Gang einlegt und wo das Bremspedal liegt."

Dieses Buch lässt Dich nicht mit Halbweisheiten im Stich: Grundtöne, Akkorde, Skalen, Chromatik – all das wirst Du Schritt für Schritt zu beherrschen lernen. Am Ende wirst Du über besserwisserische Sprüche (vor allem von Nicht-Bassisten) nur lächeln können!

Mythos Nr. 2 *„Das typische Swing-Feeling beim Walking Bass erreicht man, indem man in seine Basslinie viele Dead Notes (Ghost Notes) einbaut."*

Ein gutes Swing-Feeling erreicht ein Bassist, wenn er den harmonischen Überblick hat und selbstsicher „durch" die Akkorde spielen kann. Erst dann ist er locker genug, um so genannte Verzierungen in seine Basslinien einfließen zu lassen.

Aus eigener Erfahrung und aus Erfahrung mit meinen Bassschülern weiß ich, dass gerade beim Einstieg in das Walking Bass-Spiel und in die Jazz-Welt große Unsicherheit in Bezug auf harmonische Fragen herrscht. Aus diesem Grund legt dieses Buch einen Schwerpunkt auf die Vermittlung der Grundlagen der Jazz-Harmonik.

Mythos Nr. 3 *„Je fortgeschrittener ein Bassist, umso weniger wird er im Walking Bass auf Grundtöne zurückgreifen. Viele Grundtöne bedeuten Eintönigkeit."*

Viele berühmte Bassisten benutzen viele Grundtöne im Walking Bass, wie ich in den letzten Kapiteln anhand einiger Stilanalysen zeige. Grundtöne zu spielen ist nicht nur legitim, von den Mitmusikern wird es meistens sogar erwartet.

Damit Dein Walking Bass nicht nur irgendwie durch die Akkorde „schlittert", sondern Hand und Fuß hat, legen die meisten Übungen in diesem Buch großen Wert darauf, dass Akkordwechsel mit dem jeweiligen Grundton begonnen werden. Dies ist kein heiliges Gesetz – es soll Dir als Anfänger vor allem Sicherheit und Orientierung geben. Wenn Du Dich „sicher" fühlst bei einer bestimmten Übung, probiere ruhig einmal aus, wie es klingt, wenn Du Grundtöne „vermeidest". Das einzig gültige Gesetz in der Musik ist letztlich Dein Ohr!

DUR-TONLEITER-AUFBAU (Beispiel in C)

C -- D -- E - F -- G -- A -- B - C
1   2   3 4   5   6   7 8

Alle Töne haben einen Ganzton Abstand voneinander, nur zwischen dem 3. und 4. Ton (E-F)
sowie zwischen dem 7. und 8. Ton (B-C) liegt ein Halbton Abstand.

INTERVALLE (Abstände zwischen Tönen)

1   2   3   4   5   6   7
C   D E   F   G A   B

Die Intervalle werden im Englischen mit Ziffern bezeichnet. Vom Grundton abgezählt erhält
man in einer Dur-Tonleiter die Intervalle:

große 2	**große 3**	**reine 4**	**reine 5**	**große 6**	**große 7**
(Englisch: major 2nd	*major 3rd*	*perfect 4th*	*perfect 5th*	*major 6th*	*major 7th)*

1   2   3   4   5   6   7
C **Db** **Eb** F **Gb** **Ab** **Bb**

Wenn man die großen und reinen Intervalle um einen Halbton verringert, erhält man:

kleine 2	**kleine 3**	**verminderte 5**	**kleine 6**	**kleine 7**
(Englisch: minor 2nd	*minor 3rd*	*diminished 5th*	*minor 6th*	*minor 7th)*

Eine Verminderung der 4 ist in unserem Harmonie-System nicht notwendig.

1   2   3   4   5   6   7
C   D   E **F#** **G#** A   B

Zusätzlich kann man die reinen Intervalle um einen Halbton erhöhen:
übermäßige 4 und **übermäßige 5** *(Englisch: augmented 4th, augmented 5th)*.
Hierbei ergibt sich eine Überschneidung mit der verminderten 5 und der kleinen 6, denn
F#=Gb und G#=Ab *(enharmonische Verwechslung)*.

Die im Deutschen gebräuchlichen Intervall-Bezeichnungen lateinischer Abstammung sind:

2 = *Sekunde*
3 = *Terz*
4 = *Quarte*
5 = *Quinte*
6 = *Sexte*
7 = *Septime*

Sie finden in diesem Buch keine Verwendung (wg. der Ziffern-Methode, *siehe S. 6* „Hinweise zu den verwendeten Begriffen und Notenbildern").

BERECHNEN VON INTERVALLEN

Das Berechnen von Intervallen ist sehr einfach: Man muss sich nur eine Dur-Tonleiter auf dem jeweiligen Grundton vorstellen, schon kann man darin die Intervalle ablesen.

Beispiel 1: Was ist die große 6 von G? E, weil E der 6. Ton in G-Dur ist.

Beispiel 2: Was ist das Intervall zwischen G und Eb? Eb kommt in G-Dur nicht vor, liegt aber einen Halbton unter E, dem 6. Ton von G-Dur, und ist deswegen eine kleine 6.

Beispiel 3: Was ist das Intervall zwischen G und D#? D# kommt in G-Dur nicht vor, liegt aber einen Halbton über D, dem 5. Ton von G-Dur, und ist deswegen eine übermäßige 5.

Frage: Sind D# und Eb nicht derselbe Ton? Antwort: Auf dem Griffbrett ja, in der Theorie nein!

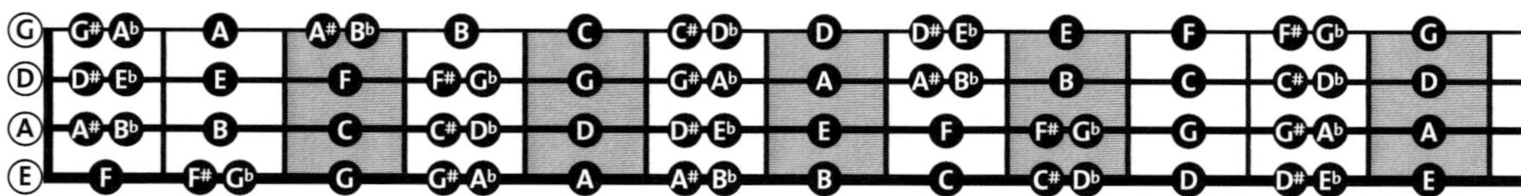

Übrigens: Der Griff eines Intervalls ist auf dem Bass immer gleich (anders als bei Gitarre und Klavier), solange man keine Leersaiten benutzt.

Dies sind die vier häufigsten Akkordtypen, die Dir in einem Jazz-Standard begegnen (dargestellt am Beispiel von Grundton C):

- **C Maj7** enthält   **C - E - G - B**, ist also ein Dur-Dreiklang mit einer großen 7
- **C 7** enthält   **C - E - G - Bb**, ist also ein Dur-Dreiklang mit einer kleinen 7

- **C m7** enthält   **C - Eb - G - Bb**, ist also ein Moll-Dreiklang mit einer kleinen 7
- **C m7(b5)** enthält **C - Eb - Gb - Bb**, ist also ein verminderter Dreiklang mit einer kleinen 7

Wenn Du bisher Dreiklänge auf jedem beliebigen Ton aufbauen konntest, dann kannst Du
jetzt das Gleiche mit diesen Vierklängen tun.

Dazu ein Tipp für Anfänger im Lesen von Akkordsymbolen: Um die 7 eines Akkords zu
berechnen, braucht man nicht zwangsläufig sieben Töne vom Grundton aus abzuzählen. Es
reicht zu wissen, dass eine große 7 einen Halbton und eine kleine 7 einen Ganzton unter dem
(oktavierten) Grundton liegt.

Vierklänge nennt man auch Septakkorde, weil sie zusätzlich zu Grundton, 3 und 5 noch eine 7
enthalten.

KAPITEL 1   Das erste Stück, an das wir uns wagen, ist „Autumn Trees". Es besteht ausschließlich aus den vier Akkordtypen, die im ersten theoretischen Teil aufgeführt sind. Außerdem steht es im 4/4-Takt. Da der klassische Walking Bass im Prinzip nur aus einer Aneinanderreihung von Viertelnoten besteht, müsstest Du hier vier Töne pro Takt spielen. Die Frage ist: welche Töne?

Spiele zunächst einmal nur die Grundtöne der jeweiligen Akkorde. Das ist zwar eine Variante, die weniger jazzig und eher nach Rock klingt, die aber prinzipiell nicht falsch ist. Sinn der Aufgabe ist, die Lage aller vorkommenden Grundtöne „unter die Finger" zu bekommen.

Dabei ist wichtig, nie zu vergessen, dass es jeden Ton immer auch in mehreren Oktaven gibt. Auf diese Weise können wir selbst in **Ü1.1** eine gewisse Abwechslung bringen.

Stelle außerdem ein Metronom an oder benutze einen Drumcomputer. Konzentriere Dich bei dieser und allen folgenden Übungen auf ein präzises Timing und einen gleichmäßigen Anschlag.

Titel 1 auf CD

Autumn Trees – *Grundtöne*

Als Nächstes werden wir zum Grundton die 5 so hinzufügen, dass wir jeden Ton zweimal nacheinander (im halbtaktigen Wechsel) spielen. Achte darauf, ob ein Akkord eine reine 5 oder eine verminderte 5 (=b5) enthält. Wenn die Akkorde halbtaktig wechseln (2 Akkorde pro Takt), spiele nur Grundtöne.

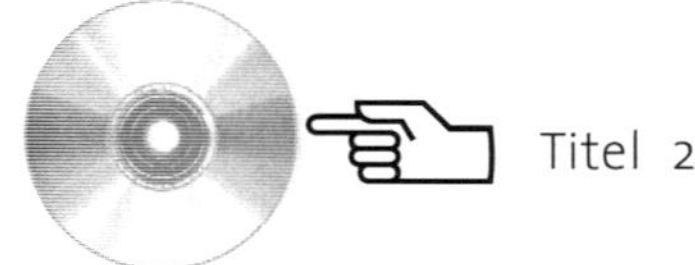

Titel 2

Alle Griffbilder für den Bass bieten den Vorteil, dass sie sich auf dem Griffbrett beliebig verschieben lassen. Das Griffbild für ein bestimmtes Intervall wird also von jedem beliebigen Grundton aus und in jeder Position gleich aussehen, es sei denn, man benutzt Leersaiten.

Definition „Quinte" (auch „reine Quinte")

Eine 5 ist der Abstand zwischen dem Grundton und dem fünften Ton einer Dur-Tonleiter.
Beispiel: Die 5 von C ist G, weil G der fünfte Ton in C-Dur ist.

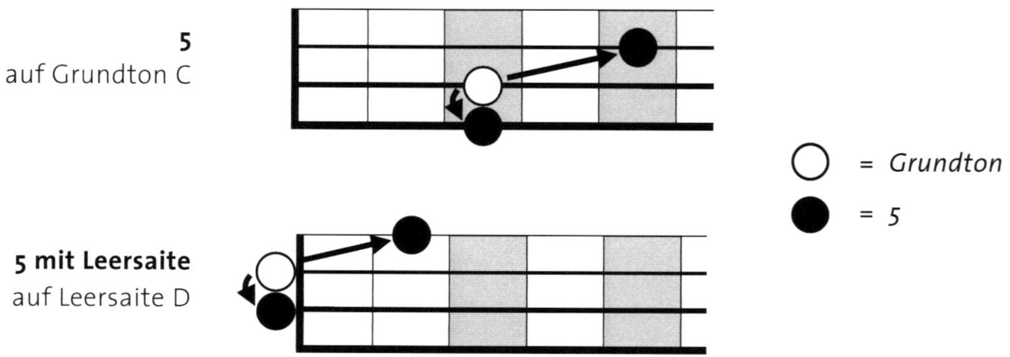

Definition „verminderte Quinte"

Eine verminderte 5 liegt einen Halbton unter der „reinen 5". (In Akkordsymbolen wird die verminderte 5 als *b5* dargestellt.)
Beispiel: Der fünfte Ton in C-Dur ist G. Die verminderte 5 liegt einen Halbton darunter, ist also Gb.

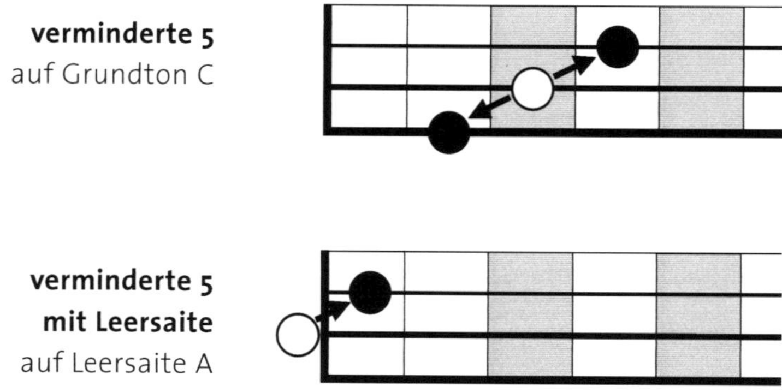

Autumn Trees – *Grundton und 5*

Herzlichen Glückwunsch, Du bist bereits in der Lage, Walking Bass zu spielen! Zugegebenermaßen klingt eine Basslinie, die nur aus Grundton und 5 besteht, etwas einfach über die Akkordfolge von „Autumn Trees". Hierzu zwei wichtige Punkte:

1) Es gibt Situationen, in denen Du entweder ein Stück zum ersten Mal siehst, oder in denen ein Dir schon bekanntes Stück schneller als gewohnt gespielt wird. In diesen Fällen verliert man leicht die Übersicht, und es gilt die eiserne Regel des Walking Bass':
Immer weiter „walken", niemals aussetzen!
Damit man trotzdem sicher durch das Stück kommt, ist es besser, eine sehr einfache Linie zu spielen, als nichts zu spielen oder den Ablauf sogar ganz zu verlieren.

2) Es gibt Stücke, bei denen ein sehr einfacher Walking Bass richtig gut klingen kann. Dies ist allerdings auch eine Geschmacks- und Erfahrungssache, aber probiere in **Ü1.3** eine denkbar einfache Basslinie über „Olé" aus.

Die Ziffern unter den Noten bezeichnen die Stufe des Tons im jeweiligen Akkord. „1" ist die erste Stufe, also der Grundton eines Akkords.

Bb6 ist ein Bb-Dur-Dreiklang mit einer großen 6, also Bb6=Bb,D,F,G.
Ebm6 ist ein Eb-Moll-Dreiklang mit einer großen 6, also Ebm6=Eb,Gb,Bb,C.

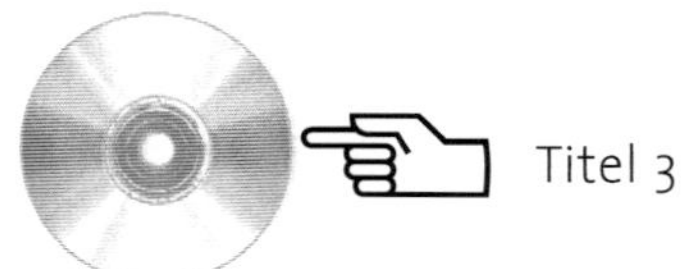 Titel 3

Hinweis: Es gibt weitere Jazz-Standards, denen die gleiche oder eine ähnliche Akkordfolge zugrunde liegt. Sie wird als „Rhythm Changes" bezeichnet nach der Komposition „I Got Rhythm" von George Gershwin.

Olé – *Grundton und 5*

KAPITEL 2

Wir nehmen jetzt zu Grundton und 5 noch die 3 hinzu. Zu einem Dur-Akkord gehört natürlich eine große 3, zu einem Moll-Akkord eine kleine 3. Wir bleiben bei „Autumn Trees" und spielen pro Takt den zum jeweiligen Akkord passenden Dreiklang (vom Grundton aufwärts) und auf das letzte Viertel des Takts nochmal die 3. Wenn die Akkorde halbtaktig wechseln, spielen wir zuerst den Grundton und dann wahlweise die 3 oder 5.

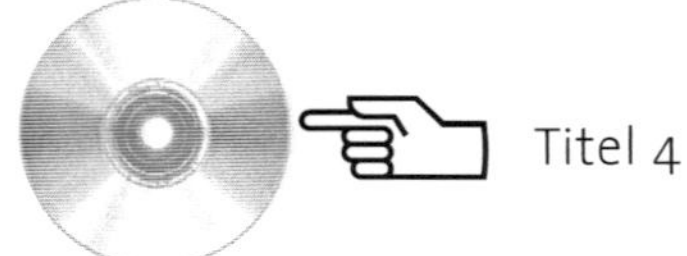

Titel 4

Definition „große Terz"

Eine große 3 ist der Abstand zwischen dem Grundton und dem dritten Ton einer Dur-Tonleiter.
Beispiel: Die große 3 von C ist E, weil E der dritte Ton in C-Dur ist.

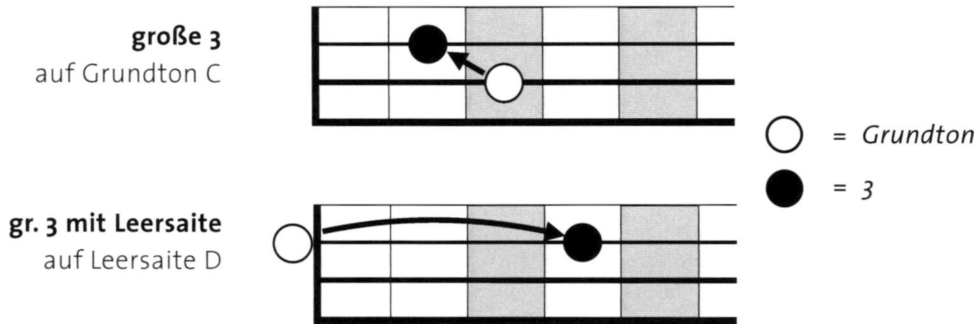

Definition „kleine Terz"

Eine kleine 3 liegt einen Halbton unter der großen 3.
Beispiel: Der dritte Ton in C-Dur ist E. Die kleine 3 liegt einen Halbton darunter, ist also Eb.

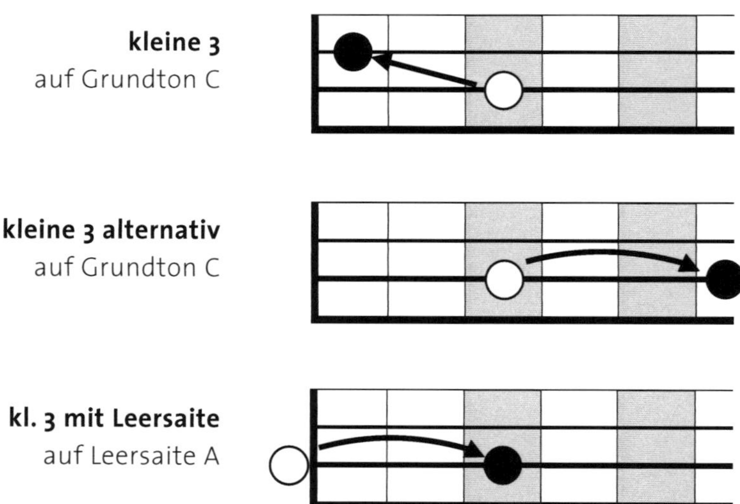

Hinweis: In herkömmlichen Harmonielehren werden Intervalle oft als „mathematische" Abstände definiert. Z.B. besteht eine große 3 mathematisch gesehen aus zwei Ganztönen oder vier Halbtönen. Da mathematische Formeln bei der Jazz-Improvisation (und dazu zählt natürlich der Walking Bass) eher hinderlich sind, empfehle ich, stets in Tonleitern zu denken.

Autumn Trees – *Dreiklang 1-3-5-3*

In der folgenden Übung sollen wieder Dreiklänge gespielt werden, diesmal aber auf das letzte Viertel des Takts nochmal der Grundton.

Titel 5

Definition „Dur-Dreiklang"
Ein Dur-Dreiklang besteht aus dem Grundton, der großen 3 und der 5.
Beispiel: Der Bb-Dur-Dreiklang enthält neben dem Grundton die große 3 und die 5, lautet also Bb, D, F.

Definition „Moll-Dreiklang"
Ein Moll-Dreiklang besteht aus dem Grundton, der kleinen 3 und der 5.
Beispiel: Der G-Moll-Dreiklang enthält neben dem Grundton die kleine 3 und die 5, lautet also G, Bb, D.

Definition „verminderter Dreiklang"
Ein verminderter Dreiklang besteht aus dem Grundton, der kleinen 3 und der verminderten 5.
Beispiel: Der Dreiklang „A vermindert" enthält neben dem Grundton die kleine 3 und die verminderte 5, lautet also A, C, Eb.

Definition „übermäßiger Dreiklang"
Ein übermäßiger Dreiklang besteht aus dem Grundton, der großen 3 und der übermäßigen 5.
(Die übermäßige 5 liegt einen Halbton über der „reinen 5". In Akkordsymbolen wird sie als #5 dargestellt.)
Beispiel: Der Dreiklang „C übermäßig" enthält neben dem Grundton die große 3 und die übermäßige 5, lautet also C, E, G#.

Der Begriff „Dreiklang"
Per Definition ist festgelegt, dass benachbarte Dreiklangstöne immer den Abstand einer 3 haben müssen.
Beispiele:
Dreiklang **C-Dur**:   C   <große3> E   <kleine3>   G
Dreiklang **C-Moll**:   C   <kleine3> Eb <große3>   G
Dreiklang **C vermindert**: C   <kleine3> Eb <kleine3> Gb
Dreiklang **C übermäßig**:   C   <große3> E   <große3>   G#

VORAUS-SETZUNGEN FÜR KAPITEL 3

Um mit dem dritten Kapitel zu beginnen, solltest Du dazu in der Lage sein, alle möglichen Dreiklänge von allen möglichen Grundtönen aus zu spielen. Wenn dies nicht der Fall ist, dann gibt es eine Art Schnellkurs für Dich unter „Anhang: Drill-Übungen", S. 114 bis 119!

Autumn Trees *– Dreiklang 1-3-5-1*

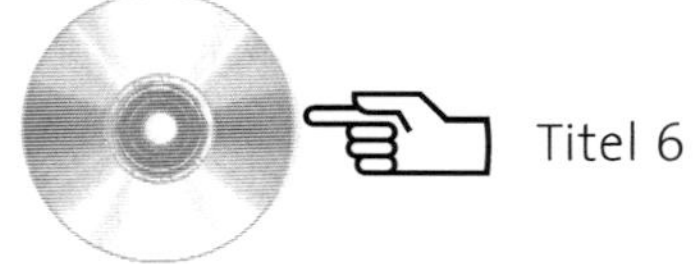

KAPITEL 3   In der nächsten Übung werden wir alle im Akkord enthaltenen Töne spielen. Wie in Kapitel 2 spielen wir in einem Takt zuerst den jeweiligen Dreiklang, dann aber auf das letzte Taktviertel die 7. Entsprechend dem Akkordtyp musst Du erkennen, ob wir es mit einer kleinen oder großen 7 zu tun haben (siehe „Theoretischer Teil 1"). Wenn die Akkorde halbtaktig wechseln, spielen wir den Grundton des Akkords und danach einen weiteren Akkordton freier Wahl.

      Zum Zweck einer besseren Übersichtlichkeit habe ich die mittleren vier Zeilen von **Ü3.1** mit einer Strich-Notation abgekürzt. Es sollte keine Probleme bereiten, das Übungs-Schema, das in den ersten beiden Zeilen vorgestellt wird, an dieser Stelle mit Hilfe der Akkordsymbole fortzusetzen.

Titel 6

Definition „große Septime" (auch „Major 7")

Eine große 7 ist der Abstand zwischen dem Grundton und dem siebten Ton einer Dur-Tonleiter (in Akkordsymbolen wird die große 7 als *Maj7* dargestellt, abgeleitet aus dem Englischen *major*=groß. Beliebt ist auch das Symbol eines Dreiecks, siehe Anhang).
Beispiel: Die große 7 von C ist B, weil B der siebte Ton in C-Dur ist.

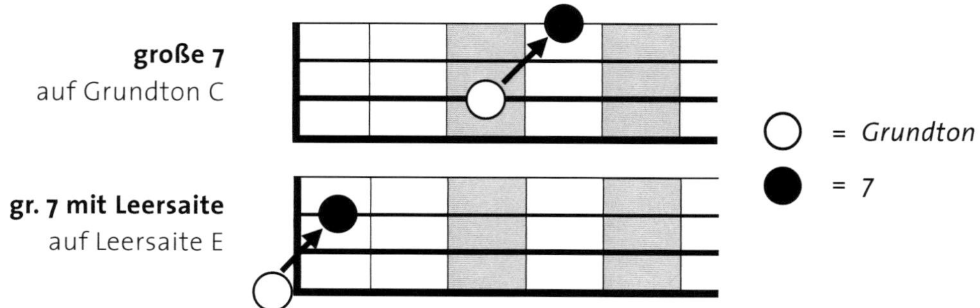

Definition „kleine Septime"

Eine kleine 7 liegt einen Halbton unter der großen 7 (in Akkordsymbolen wird die kleine 7 einfach nur als 7 dargestellt).
Beispiel: Der siebte Ton in C-Dur ist B. Die kleine 7 liegt einen Halbton darunter, ist also Bb.

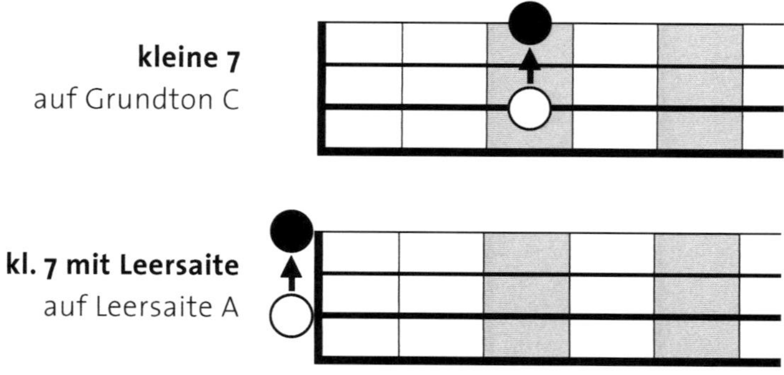

Tipp

Leichter ist es, „rückwärts" zu denken: Eine große 7 liegt einen Halbton unter dem (oktavierten) Grundton, eine kleine 7 liegt einen Ganzton unter dem (oktavierten) Grundton.

Autumn Trees – *Septakkorde aufwärts*

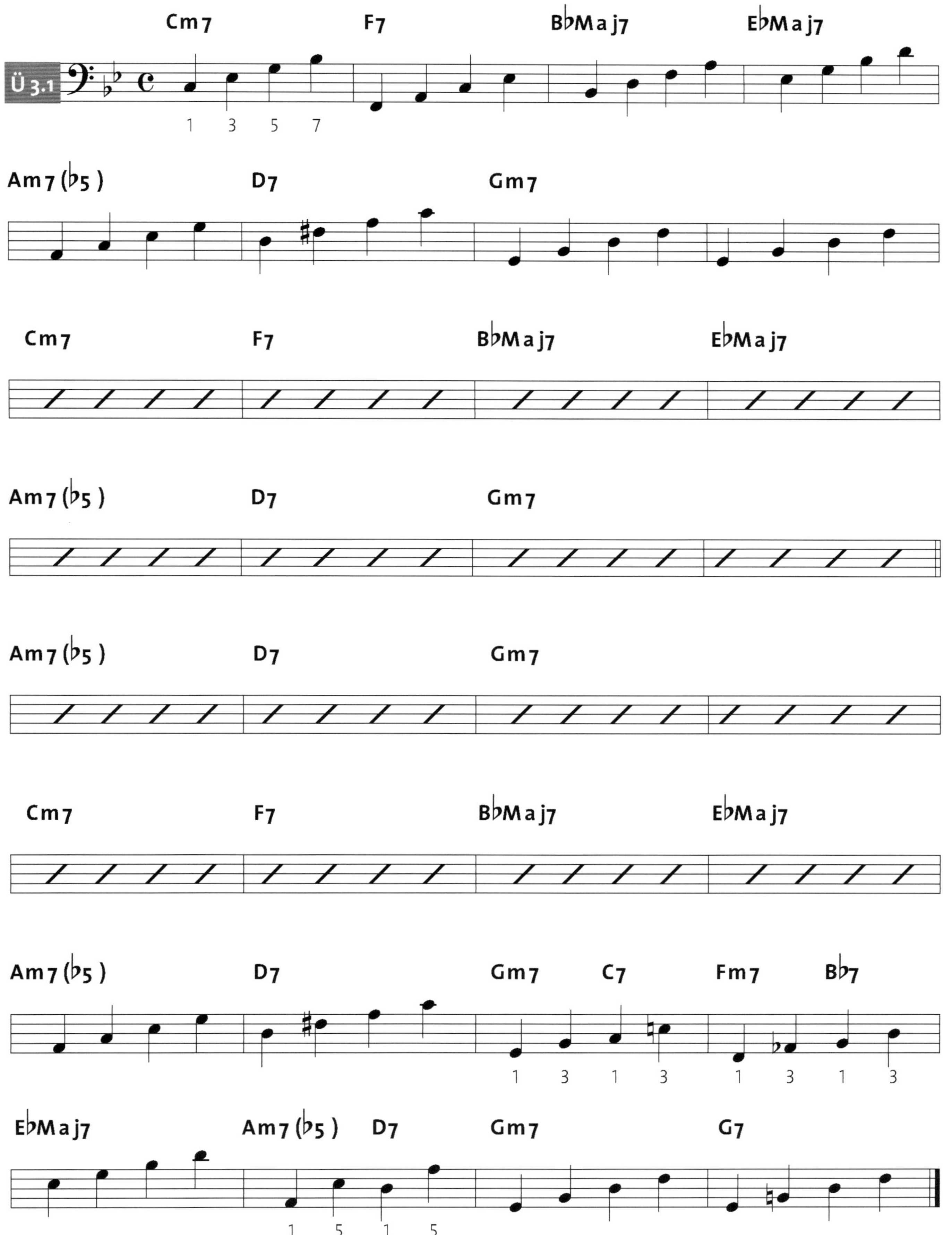

In **Ü3.1** haben wir die Akkorde vorbildlich aufgefächert, also in der Reihenfolge 1-3-5-7 alle im jeweiligen Akkord enthaltenen Töne gespielt. Wir werden dieses Schema jetzt umkehren und die Akkorde, vom Grundton ausgehend, abwärts auffächern in der Reihenfolge 1-7-5-3.

Titel 7

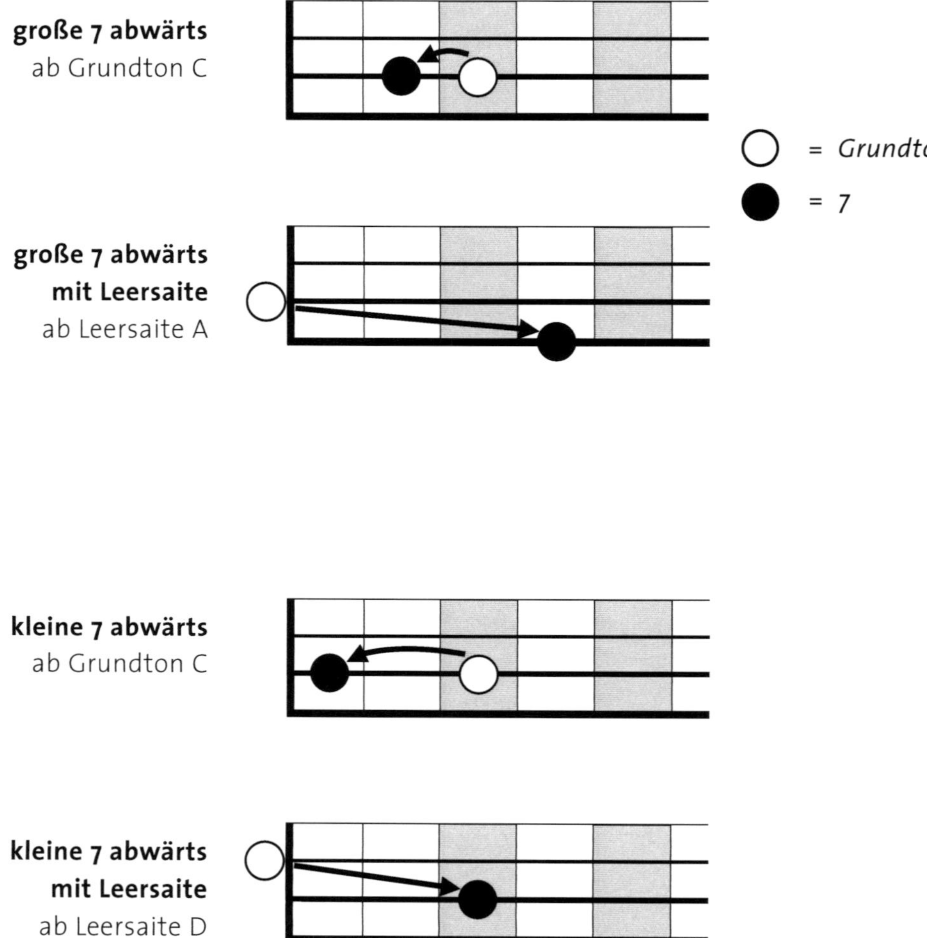

Autumn Trees – *Septakkorde abwärts*

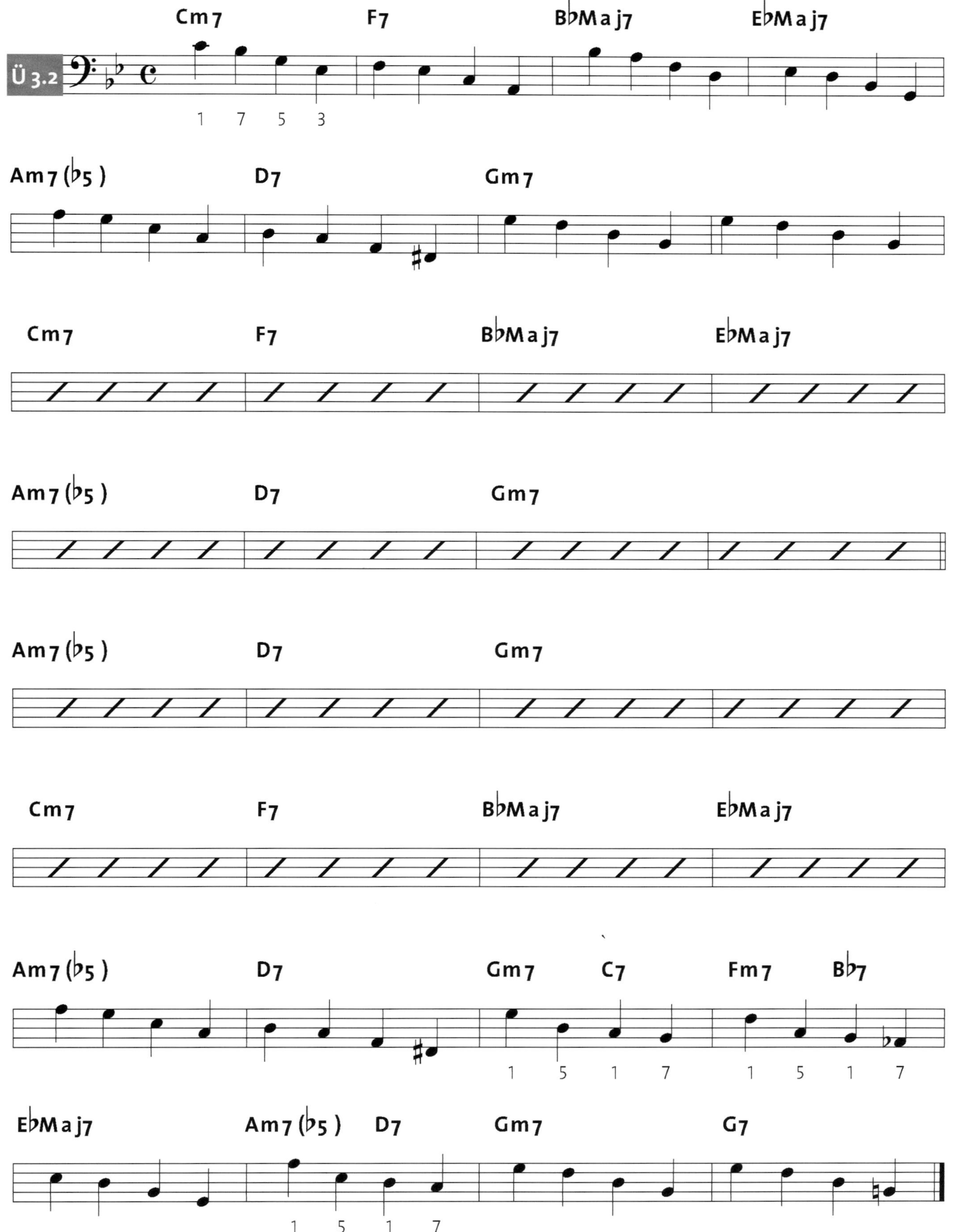

Das Auffächern (oder Aufbrechen) eines Akkords, wie wir es in **Ü3.1** und **Ü3.2** tun, ergibt ein **Arpeggio**. Arpeggios solltest Du ebenso üben wie Dreiklänge: von verschiedenen Grundtönen und in verschiedenen Lagen, mit und ohne Leersaiten. Hierfür eignen sich nicht zuletzt die Drill-Übungen im Anhang!

Ü3.1 und **Ü3.2** eröffnen eine gute Möglichkeit, eine Walking Bass-Linie zu erstellen, die mal auf- und mal abwärts führt. Dazu werden wir in **Ü3.3** einfach die aufwärts und abwärts gespielten Arpeggios miteinander kombinieren. Die Pfeile zeigen, an welchen Punkten sich die Auf- bzw. Abwärtsrichtung der Linie umkehrt.

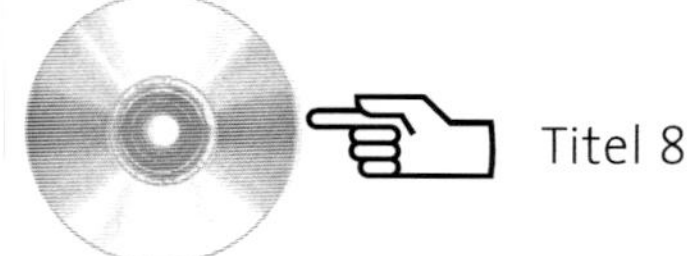

Titel 8

Autumn Trees – *Arpeggios auf- und abwärts*

Ü3.3 demonstriert: Wenn wir aufwärts und abwärts gespielte Arpeggios geschickt miteinander kombinieren, können wir eine Walking Bass-Linie erstellen, die schon den Namen „Linie" verdient hat, **d.h. dass es keine großen Intervall-Sprünge bei den Akkordwechseln gibt und dass wir bewusst mal auf- und mal abwärts gehen bzw. „walken". Dies ist eine treffende Definition für das klassische Verständnis einer Walking Bass-Linie.**

Allein mit der Verwendung von Arpeggios können wir jetzt schon über viele Jazz-Standards eine Walking Bass-Linie spielen. Allerdings sollten dies Stücke sein, bei welchen die Akkorde größtenteils ganztaktig wechseln, damit die Arpeggios überhaupt ausgespielt werden können. Ein weiteres Beispiel zeige ich in **Ü3.4** an „Nasrid".

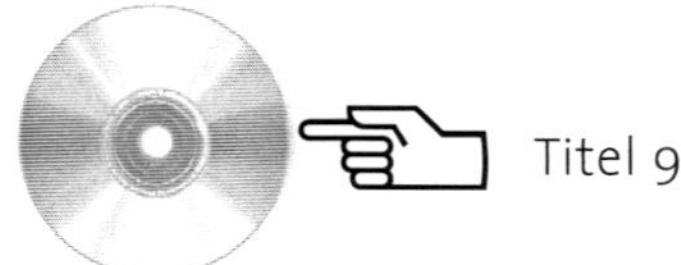 Titel 9

Hinweis: Die Rhythmik der Akkordwechsel entspricht nicht dem Thema von „Nasrid" (*siehe Anhang, S. 106*). Für Soli verwendet man jedoch in der Regel diese vereinfachte Form.

Nasrid – *Arpeggios auf- und abwärts*

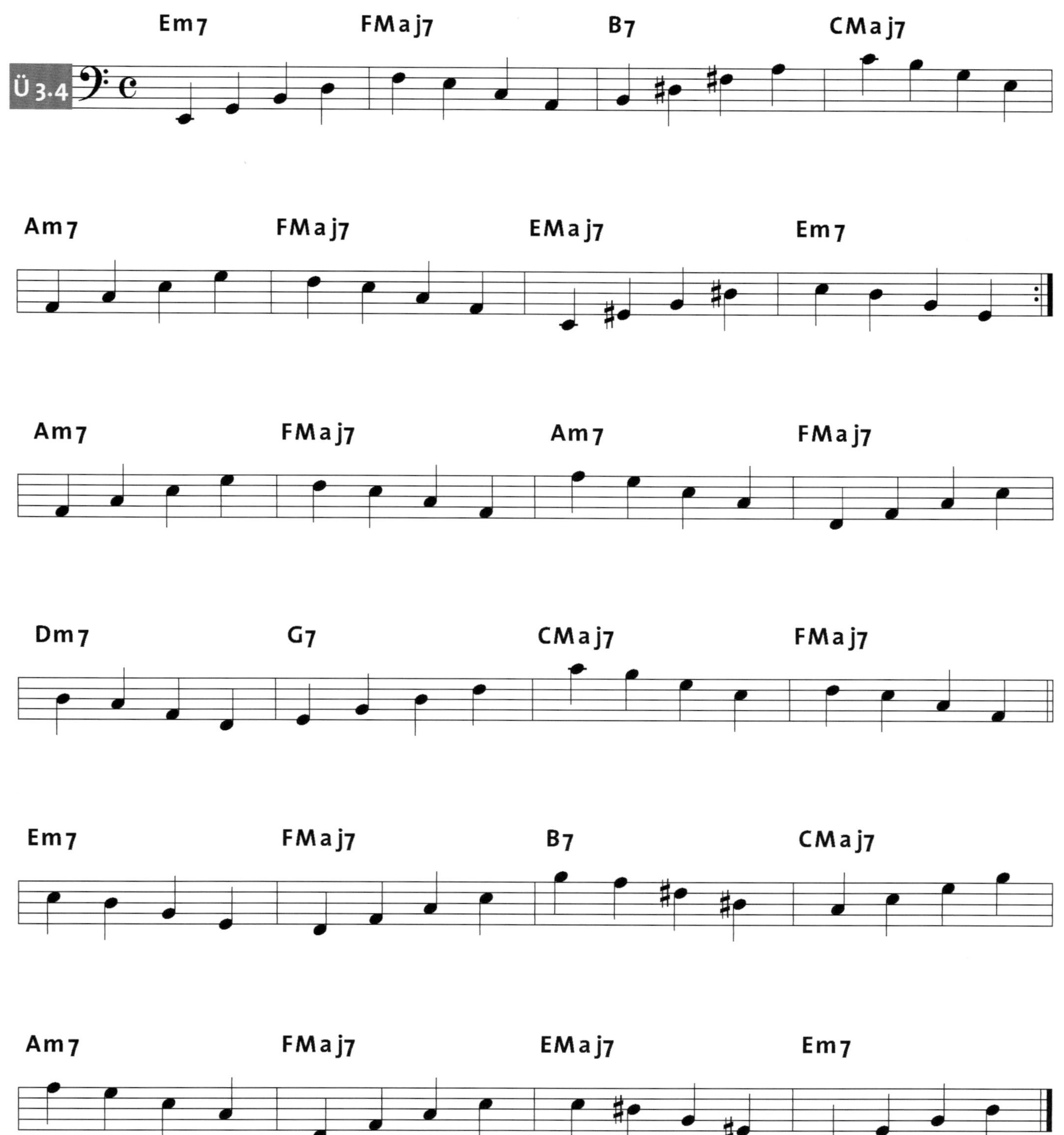

Das Prinzip einer Basslinie aus Arpeggios kann auch bei Stücken angewendet werden, die im 3/4-Takt stehen, z.B. bei „Alice in Disneyland". Die Arpeggios müssen dann um einen Ton gekürzt werden, damit sie jeweils in einen Takt passen.

Wenn CMaj7 zwei Takte lang klingt, kann man diese wie ZWEI einzelne Takte (siehe **Ü3.5**, fünfte Zeile) oder wie EINEN 6/4-Takt behandeln (siehe die letzten beiden Takte).

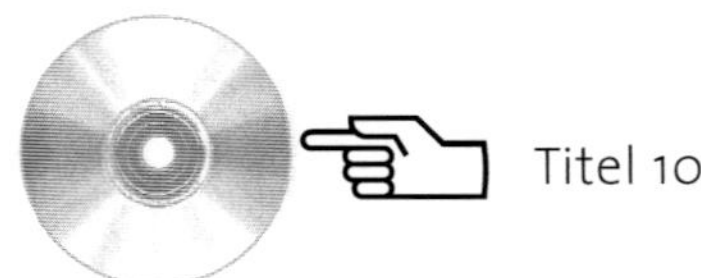 Titel 10

Alice in Disneyland – Arpeggios auf- und abwärts
Ü 3.5
Dm7   G7   CMaj7   FMaj7   Bm7(b5)   E7
1 3 5 1 3 5 1 7 5 1 7 5
Am7   Eb7   Dm7   G7   Em7   Am7
Dm7   G7   1.   Em7   A7   2.   CMaj7   Am7
Dm7   G7   Em7   Am7   Dm7
G7   CMaj7   F#m7(b5)   B7
1 3 5 1 7 5
Em7   A7   Dm7   A7   Dm7   A7   D7   G7
Dm7   G7   CMaj7   FMaj7   Bm7(b5)
E7   Am7   Eb7   Dm7   G7
Em7   Am7   Dm7   G7   CMaj7
1 3 5 7 1 5
Arpeggio

KAPITEL 4 Bislang haben wir bei jedem Akkordwechsel zuerst den Grundton des jeweiligen Akkords gespielt. Das ist gut so, denn ohne einen Grundton könnte ein Akkord nicht existieren: Alle anderen Akkordtöne lassen sich schließlich nur im Verhältnis zum Grundton bestimmen.

In einer Bandsituation denken sich Pianisten und Gitarristen beim Begleiten eines Solisten Akkord-Variationen aus (sogenannte Voicings), in denen ein Grundton oftmals überhaupt nicht mehr vorkommt. Das macht aber nichts, denn dafür haben sie ja Dich: den Bassisten! Kein anderes Instrument kann so „fette" Grundtöne spielen wie der Bass. Das liegt natürlich auch daran, dass dem Bass die tiefsten Frequenzbereiche vorbehalten sind. Wenn man beim Walking Bass jeden Akkord mit dem Grundton beginnt, macht man es der ganzen Band leichter, die harmonische Struktur eines Stücks über das Gehör nachzuvollziehen.

Zu Übungszwecken werden wir dieses Prinzip jedoch kurz verlassen. In der folgenden Übung begrenzen wir zunächst den Bereich des Griffbretts, der benutzt werden soll:

- Auf dem E-Bass verwenden wir nur die Töne der ersten fünf Bünde, einschließlich Leersaiten.

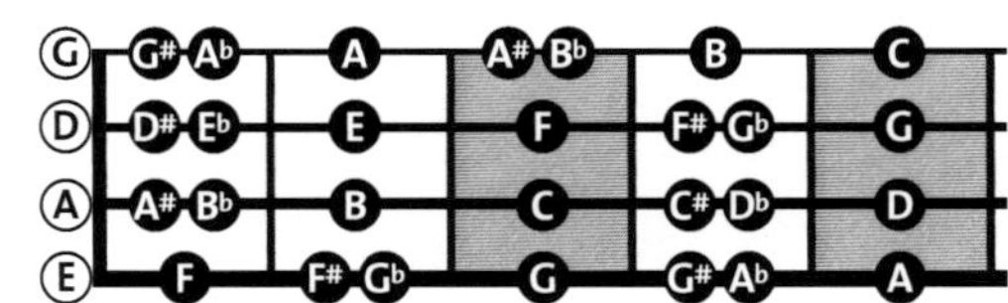

- Auf dem Kontrabass verwenden wir nur Töne bis zur zweiten Lage, einschließlich Leersaiten.

Damit haben wir den Tonumfang begrenzt von der leeren E-Saite bis zum C auf der G-Saite (auf einem viersaitigen Bass). Durch alle Akkorde hindurch spielen wir jetzt eine Walking-Bass-Linie vom tiefstmöglichen bis zum höchstmöglichen Ton und wieder zurück zum tiefst-möglichen Ton usw.

Am Beispiel von „Autumn Trees" sieht das so aus: Wir beginnen mit dem tiefstmöglichen Akkordton von Cm7, dem G auf der E-Saite. Für den Rest des Taktes folgen die übrigen Akkord-töne in aufsteigender Reihenfolge; wir enden mit einem Eb. Von Eb aus suchen wir den nächstliegenden Akkordton von F7. Da unsere Linie im Aufstieg ist, wäre das ein F (zufälliger-weise der Grundton). Wenn wir nun im zweiten Takt bei C angekommen sind, müssen wir die Richtung der Linie ändern, weil wir gesagt haben, dass kein Ton höher als eben dieses C auf der G-Saite sein soll. Den Takt F7 schließen wir also mit einem A ab. Der dritte Takt muss mit dem nächstliegenden Ton aus BbMaj7 beginnen und dabei die Abwärtsrichtung der Linie fort-setzen. Das wäre ein F (man könnte den Ton A auch wiederholen, da er in BbMaj7 ebenfalls enthalten ist, aber weil wir den vorigen Takt mit diesem Ton beendet haben, würde das eine weniger schöne Linie ergeben).

Nach diesem System setzen wir die Linie fort und ändern die Richtung nur, wenn wir am tiefst- oder am höchstmöglichen Ton des eingegrenzten Bereichs angelangt sind.

Es ist sinnvoll, **Ü4.1** langsam anzugehen, da während des Spielens einige Denkarbeit erforder-lich ist. Damit der gewünschte Effekt erzielt wird, sollte die Übung nicht als Blattspiel ausge-führt werden: Nachdem man das Prinzip verstanden hat, kann man als Akkordvorlage z.B. das Lead Sheet von „Autumn Trees" (*siehe Anhang, S. 104*) verwenden. Hervorragend eignen sich auch die Drill-Übungen im Anhang!

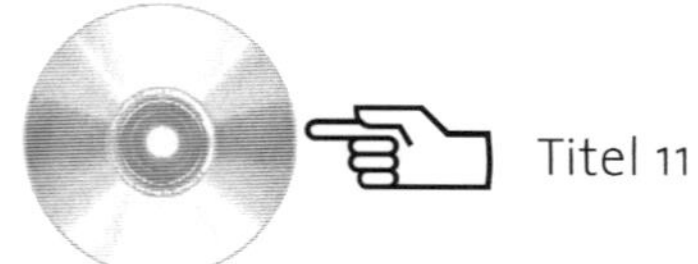

Titel 11

Autumn Trees – *Auf- und absteigende Linie über nächstgelegene Akkordtöne*

Durch die Vorgabe einer stetig auf- bzw. absteigenden Linie haben wir die verschiedensten Variationen von Arpeggios erzeugt. Es waren dies unter anderem folgende Akkordton-Reihenfolgen (dargestellt an Em7):

Umkehrungen von Em7

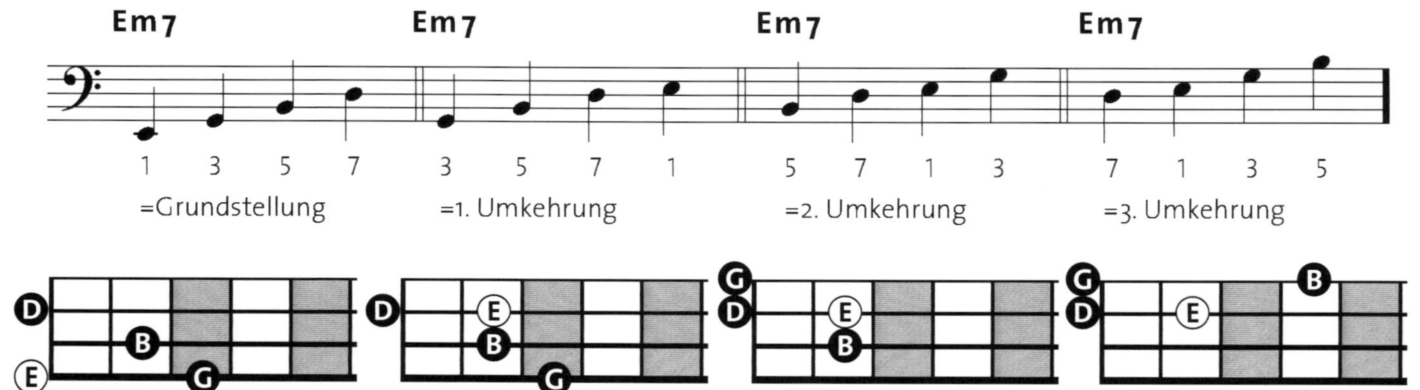

oder unter Vermeidung von Leersaiten:

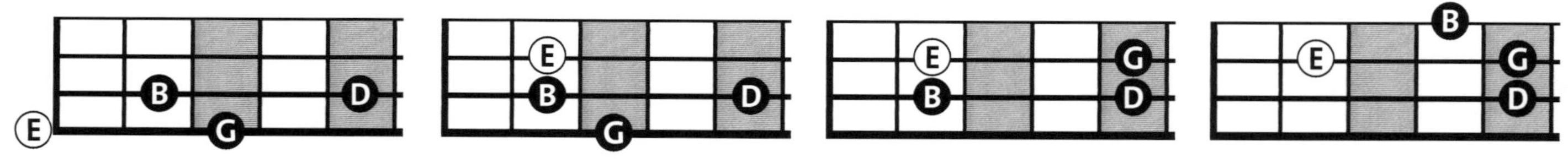

Umgestellte Arpeggios werden als Umkehrungen bezeichnet. Diese Umkehrungen erweitern unser musikalisches Vokabular (nicht nur im Walking Bass); deswegen sollten sie geübt und beherrscht werden. Dafür eignet sich z.B. **Ü4.1**.

Trotz aller Vielfalt, die uns die Umkehrungen von Akkorden bieten, sind sie im Walking Bass mit Vorsicht zu genießen. Wer z.B. alle Akkorde mit der 7 beginnt, kann schnell den harmonischen Charakter eines Stücks verändern und seine Mitmusiker irritieren.

Desweiteren haben wir durch **Ü4.1** neue Licks erhalten, die in jedem Fall gut funktionieren, da sie mit dem Grundton beginnen (dargestellt an Em7):

Licks von Em7

Versuche nun Walking Bass-Linien zu spielen, in denen Du Arpeggios und Licks aus Akkordtönen kombinierst. Beginne jeden Akkordwechsel mit dem Grundton.

In **Ü4.2** habe ich mich bemüht, mit den bisher besprochenen Mitteln eine möglichst
fließende Linie zu schaffen. Es kommt zwischen zwei Tönen kein Abstand vor, der größer
als eine 3 wäre (Ausnahmen: Takte, die mehr als einen Akkord enthalten).

Der „Trick" dabei ist, während des Improvisierens der Basslinie immer einen Takt voraus-
zudenken, um den nächsten Grundton anzusteuern.

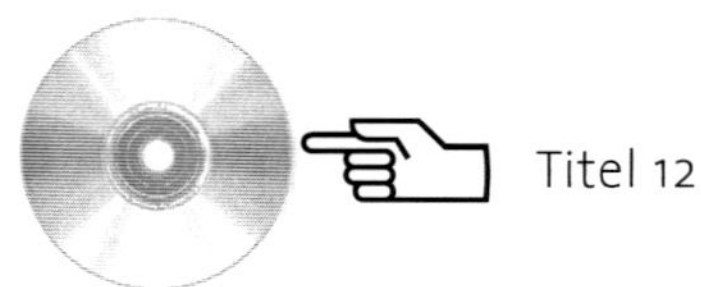 Titel 12

Autumn Trees – *Arpeggios und Licks*

Vielleicht hast Du schon den Drang verspürt, aus den äußerst engen Vorgaben auszubrechen und Akkordtöne auch in freierer Form zu verwenden. Natürlich können im Walking Bass auch große Sprünge gemacht werden. Ein sehr beliebtes Intervall ist z.B. die Oktave. In **Ü4.3** kombiniere ich wieder Arpeggios und Licks, nehme mir aber die Freiheit, Akkordtöne auch in beliebiger Reihenfolge zu spielen. Akkordwechsel sollen allerdings weiterhin mit dem Grundton erfolgen.

Titel 3

Autumn Trees – *Arpeggios, Licks und Intervall-Sprünge*

Ü4.4 ist eine Akkordfolge, wie sie für einen Jazz-Blues oft verwendet wird, in diesem Fall in F-Dur. Wie die meisten Blues-Formen besteht auch dieser Jazz-Blues aus 12 Takten. Im ersten Durchgang demonstriere ich, wie man auch mit halben Noten Walking Bass spielen kann. Der zweite Durchgang besteht wie gewohnt aus Viertelnoten.

Der Akkord „o7" nennt sich „vollvermindert" und ist ein verminderter Dreiklang mit einer verminderten 7. Die verminderte 7 liegt einen Halbton unter der kleinen 7 (entspricht de facto einer großen 6). Bo7 besteht aus B, D, F, Ab, enthält also dieselben Töne wie Bb7 im Takt zuvor, nur der Grundton ist verschieden.

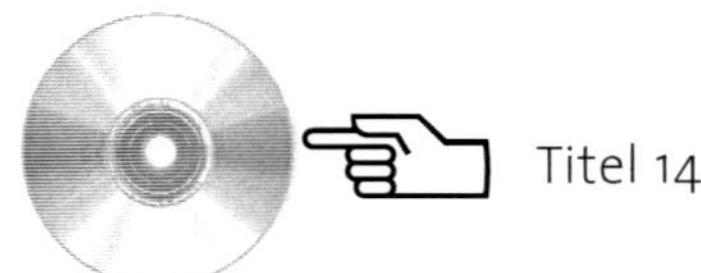 Titel 14

Hinweis: Der uns bereits bekannte Akkord m7(b5) enthält im Vergleich zum vollverminderten Akkord nur eine normale kleine 7, weshalb er auch „halbvermindert" genannt wird.

Jazz-Blues in F-Dur – *Arpeggios, Licks und freie Licks*

KAPITEL 5 Wir haben bis jetzt viele Möglichkeiten kennengelernt, allein mit Akkordtönen Walking Bass zu spielen. In diesem Kapitel zeige ich eine einfache Art der Verwendung von chromatischen Tönen, die uns das Walking Bass-Spiel an manchen Stellen vereinfachen wird und dazu noch gut klingt.

Wenn der vorletzte Ton eines Takts einen Ganzton entfernt ist vom Grundton des nächsten Akkords, kann man als letzte Viertelnote im Takt einfach den dazwischenliegenden Halbton spielen. Beispiel: Die Töne C und D liegen einen Ganzton auseinander, dazwischen liegt C# bzw. Db.

Für diesen Ton muss es keine theoretische Erklärung geben, er muss nicht einem Akkord oder einer Tonleiter zugeordnet werden können. Er liegt entweder einen Halbton unter oder einen Halbton über dem angepeilten nächsten Grundton und ist ein chromatischer Verbindungston. Dieser führt das Ohr zielstrebig zum nächsten Grundton. Außerdem wirst Du bemerken, dass sich mit Hilfe dieser kleinen Chromatik an manchen Stellen angenehmere Fingersätze und sanftere Linien ergeben.

Als Beispiele habe ich bei „Autumn Trees" mit chromatischen Verbindungstönen nicht gespart. Sie sind mit einem kleinen „c" markiert.

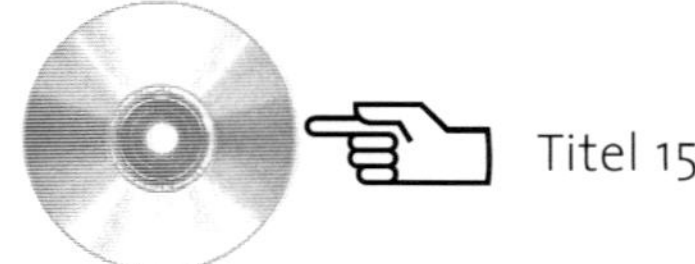 Titel 15

Definition „Chromatik"

Die Folge aller 12 Halbtöne innerhalb einer Oktave heißt chromatische Tonleiter. Die Verbindungstöne in den folgenden Beispielen bezeichne ich als „chromatisch", weil sie die entsprechenden Akkordtöne durch zwei Halbtonschritte verbinden. Diese Folge von zwei Halbtonschritten erinnert an einen Ausschnitt der chromatischen Tonleiter.

(*Kapitel 8* enthält eine alternative Definition von Chromatik, die auf einem anderen Zusammenhang beruht.)

Autumn Trees – *Chromatische Verbindungstöne*

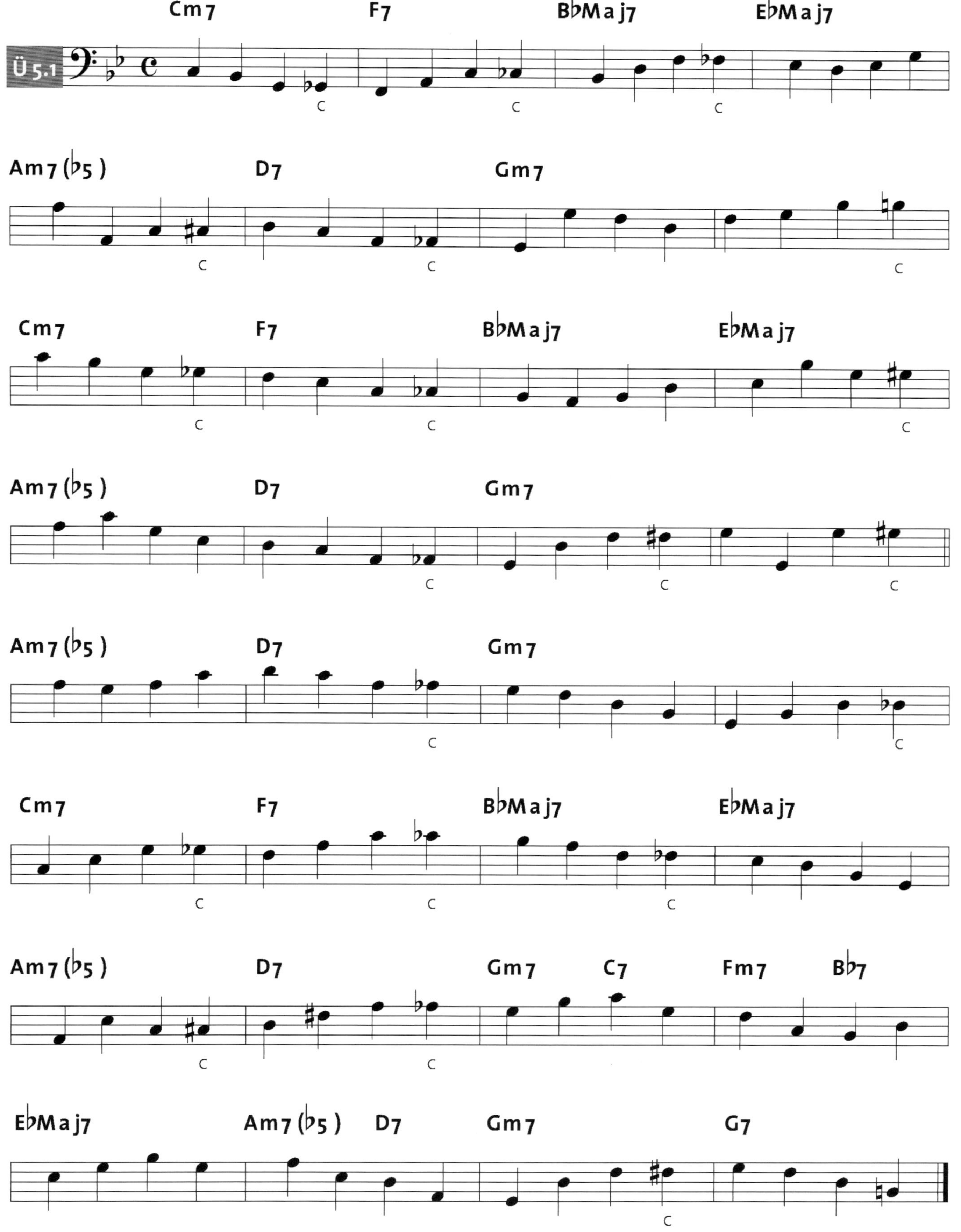

Als weiteres Beispiel habe ich „Alice in Disneyland" gewählt; auch hier ergeben sich durch die Verwendung chromatischer Verbindungstöne neue Möglichkeiten. Im 3/4-Takt fühlt sich das ganze aber etwas anders an: Probiere es aus!

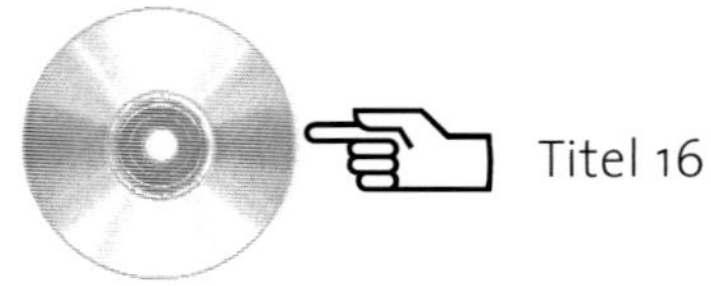 Titel 16

Alice in Disneyland – *Chromatische Verbindungstöne*

Die Verwendung von chromatischen (Verbindungs-)Tönen klingt für viele Menschen Jazz- und Walking Bass-typisch. Von Nicht-Bassisten habe ich sogar schon die Meinung gehört, Walking Bass könne nicht so schwer sein - „nur ein bisschen auf dem Griffbrett chromatisch rauf- und runterrutschen". In den vorigen Kapiteln hast Du gemerkt, dass dem nicht so ist. Ein guter Bassist weiß genau, welche Töne ein Akkord enthält, und er benutzt chromatische Verbindungstöne bewusst, um Akkorde elegant miteinander zu verbinden. Als weiteres Beispiel habe ich für **Ü5.3** einen Jazz-Blues gewählt.

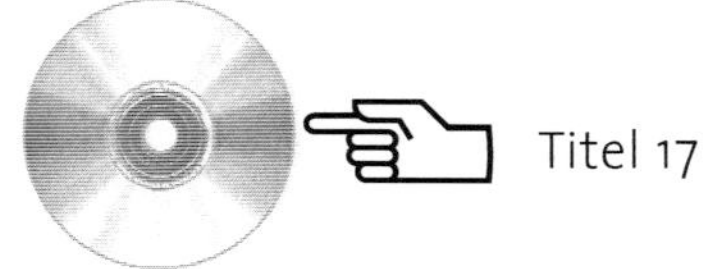 Titel 17

Jazz-Blues in F-Dur – *Chromatische Verbindungstöne*

**THEORE-
TISCHER
TEIL 2A**

Um unser Bass-Vokabular auf Skalen (Tonleitern) auszuweiten, müssen wir herausfinden, welche Skalen zu einem Akkord passen. Dafür gilt es zu verstehen, welche harmonische Funktion ein Akkord in einem Stück übernimmt.

Auf die Funktion eines Akkords ziehen wir Rückschlüsse, indem wir seine Stufe im harmonischen Kontext bestimmen. Das klingt komplizierter, als es ist:

Wir gehen von einer Dur-Tonleiter aus. Der Einfachheit wegen wähle ich C-Dur. Wir können auf jedem Ton der Tonleiter einen Vierklang aufbauen. Das Besondere ist, dass wir dazu nur Töne benutzen, die in C-Dur enthalten sind.

In der Praxis sieht das so aus: Wir stellen uns eine C-Dur-Tonleiter über zwei Oktaven vor. Auf dem ersten Ton C möchten wir den ersten Vierklang aufbauen. C ist der Grundton, der übernächste Ton in der Tonleiter ist ein E, wiederum der übernächste ein G, von hier aus der übernächste ein B:

I.

C D E **F** G A B C D E F G A B C
1   3   5   7

Vom Grundton ausgehend, überspringen wir also in der Tonleiter immer einen Ton, um zum nächsten Akkordton zu gelangen (anders ausgedrückt: Die Akkordtöne werden nacheinander jeweils im Abstand einer 3 aufgebaut, wobei nur Tonleitertöne verwendet werden). Somit heißt der Akkord auf der ersten Stufe von C-Dur: CMaj7. Das Gleiche in Noten:

Dasselbe machen wir jetzt auf der zweiten Stufe von C-Dur. Wir beginnen mit D als Grundton und bilden hierauf einen Vierklang mit den Tönen aus C-Dur:

II.

C **D** E **F** G **A** B **C** D E F G A B C
  1   3   5   7

Die Stufen werden mit römischen Ziffern bezeichnet, **D ist die II. STUFE in C-Dur**. Die Akkordtöne bezeichne ich wie gewohnt mit arabischen Ziffern: **1-3-5-7 sind die Akkordtöne von Dm7**. Die römischen Ziffern beziehen sich also auf die zugrunde liegende Tonleiter, die arabischen Ziffern auf den Akkord, den wir aus der Tonleiter gebildet haben. Auch dieser Akkord ist uns bekannt: Dm7. In Noten sieht das so aus:

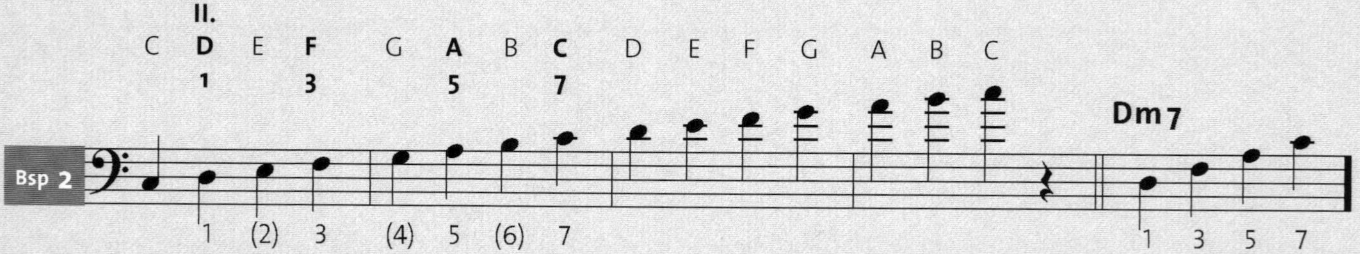

In **Bsp.3** und **Bsp.4** kannst Du nun selbst die Akkorde konstruieren, die auf der dritten und vierten Stufe von C-Dur entstehen:

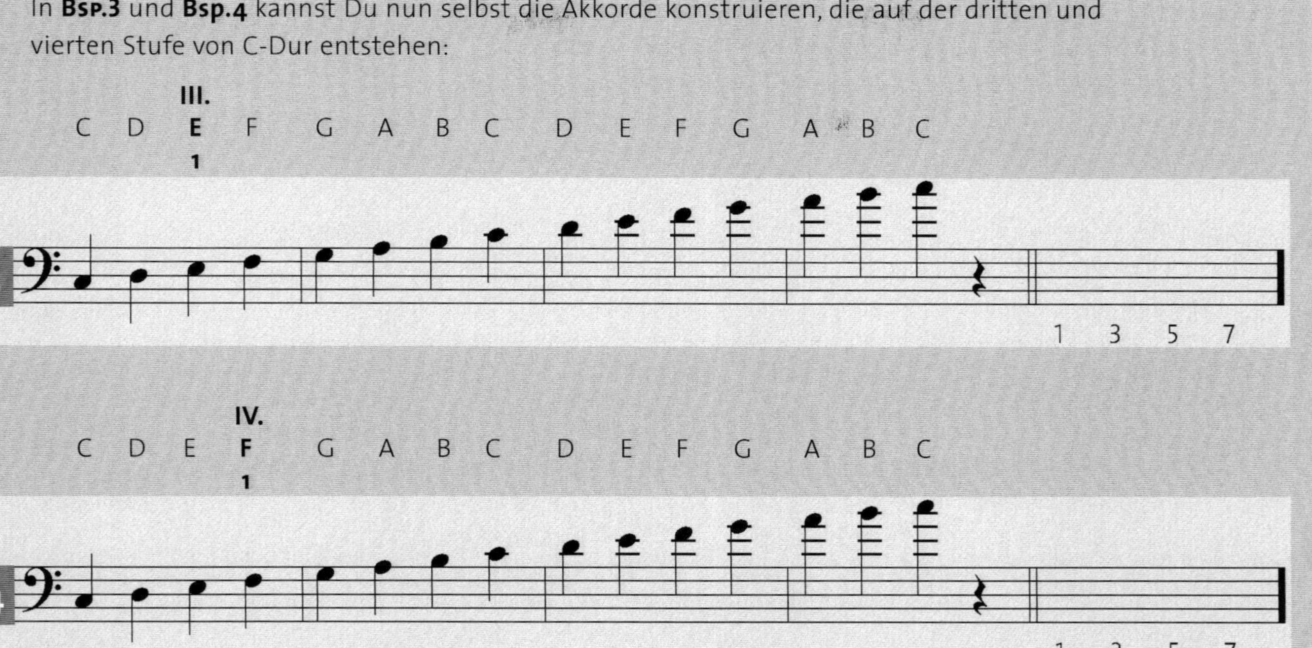

Im Folgenden ist dargestellt, wie sich auf der fünften Stufe von C-Dur ein G7-Akkord aufbaut:

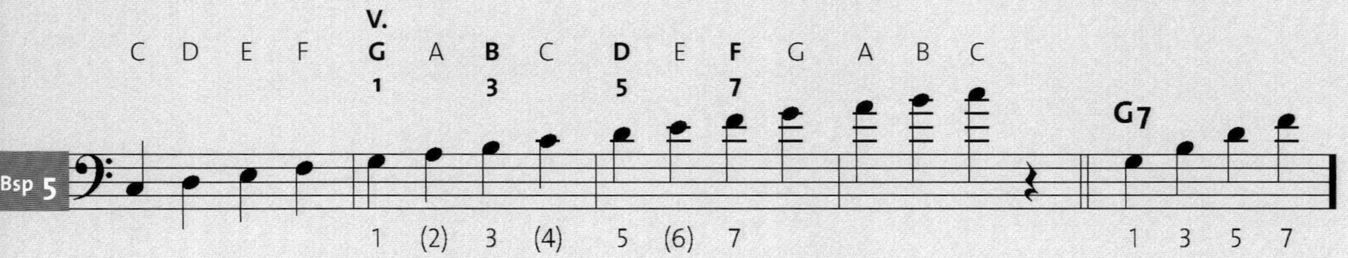

Konstruiere nun den Akkord, der auf der sechsten Stufe entsteht:

Auf der siebten und letzten Stufe B erhalten wir einen halbverminderten Akkord: Bm7(b5).

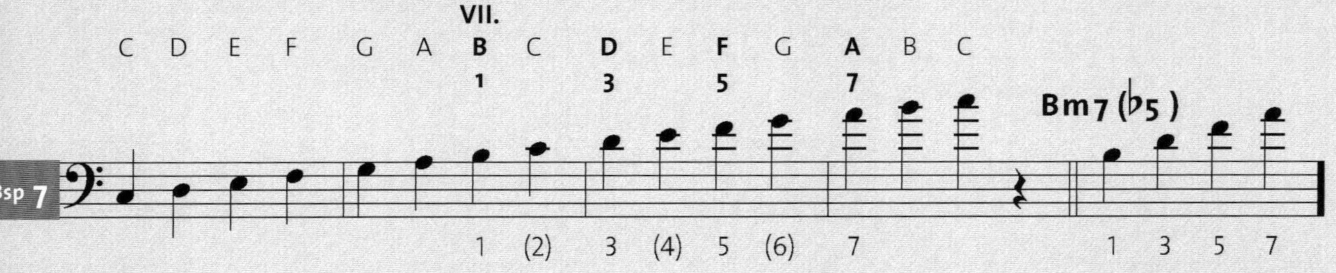

Wenn Du bis hierher alles verstanden hast, wird Dich das zunächst unübersichtlich wirkende Diagramm der harmonisierten Dur-Tonleiter in **Bsp.8** nicht schockieren.

Um zu viele Hilfslinien über dem Notensystem zu vermeiden, musste ich die Grundtöne der ersten beiden Stufenakkorde so tief ansetzen, dass sie auf einem viersaitigen Bass leider nicht zu greifen sind.

Harmonisierte C-Dur-Tonleiter

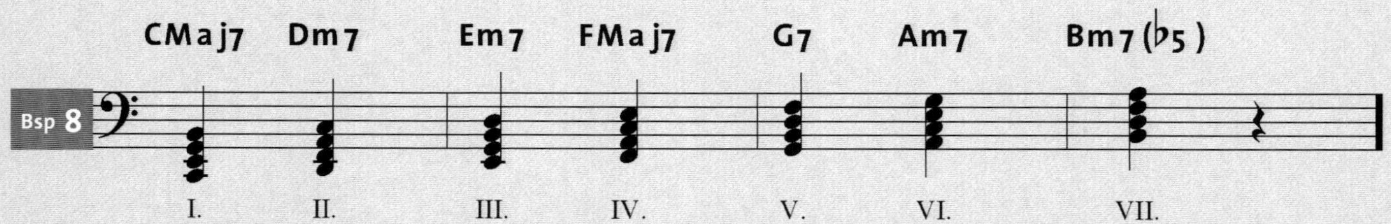

Das Prinzip der harmonisierten Dur-Tonleiter kann auf jede beliebige Tonart übertragen werden, wie in **Bsp.9** auf D-Dur. In diesem Fall müssen wir natürlich die Vorzeichen von D-Dur berücksichtigen: F# und C#.

Harmonisierte D-Dur-Tonleiter

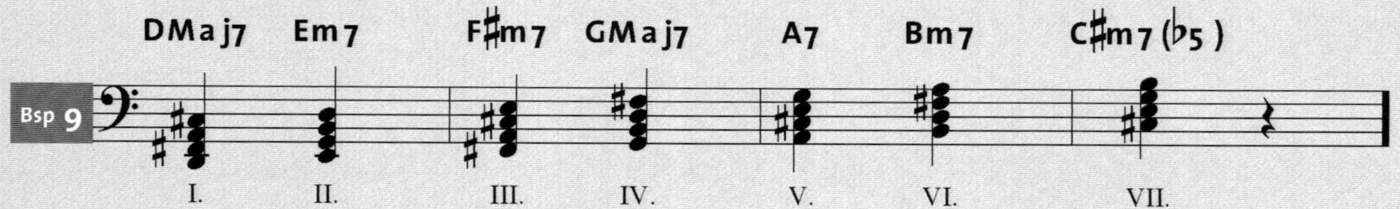

Harmonisiere nun die F-Dur-Tonleiter nach dem gleichen Prinzip. Berücksichtige dabei das Vorzeichen von F-Dur: Bb!

Harmonisiere die F-Dur-Tonleiter

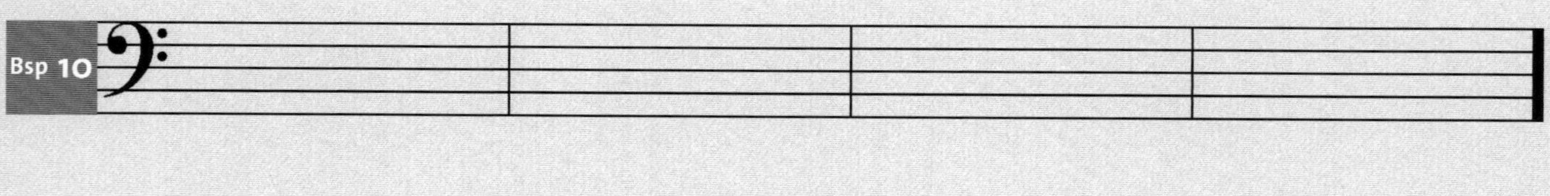

Vergleiche **Bsp.8**, **Bsp.9** und **Bsp.10**. Es wird ersichtlich, dass die Reihenfolge der Akkordtypen in der harmonisierten Dur-Tonleiter immer die gleiche ist, unabhängig von der Tonart und ihren Vorzeichen:

Bsp 11

TONLEITER STUFE	AKKORD TYP
I.	Maj7
II.	m7
III.	m7
IV.	Maj7
V.	7
VI.	m7
VII.	m7(b5)

Die römischen Ziffern bezeichnen die Stufe eines Akkords in der jeweiligen Tonleiter. Durch den Akkordtyp können wir die Stufe eines Akkords und somit seine Funktion bestimmen. Einen 7-Akkord, also z.B. G7 oder A7, können wir jetzt eindeutig als V. Stufe identifizieren. Einen halbverminderten Akkord, also m7(b5), können wir eindeutig als VII. Stufe bestimmen.

Über die Stufe können wir sogar Rückschlüsse auf die zugrunde liegende Tonart ziehen: Wenn uns z.B. der Akkord C7 begegnet, wissen wir, dass das die V. Stufe ist. Jetzt brauchen wir nur kurz zu überlegen, um herauszufinden, dass C der fünfte Ton in F-Dur ist. Somit wissen wir, dass wir uns in F-Dur befinden (zumindest an dieser Stelle).

Wenn in einem Stück der Akkord Am7(b5) vorkommt, sehen wir sofort, dass es sich um die VII. Stufe handelt. A ist der siebte Ton in Bb-Dur, also befinden wir uns in Bb-Dur (zumindest an dieser Stelle).

Bei zwei Akkordtypen ist die Bestimmung der Stufe nicht so einfach, weil es mehrere Möglichkeiten gibt: Maj7-Akkorde können sowohl der I. als auch der IV. Stufe entsprechen, m7-Akkorde können der II. oder der III. oder sogar der VI. Stufe zugeordnet werden. Bislang war das für uns nicht von Bedeutung, weil wir uns im Walking Bass auf Akkordtöne (und chromatische Verbindungstöne) beschränkt haben. Wenn wir aber auch Skalentöne verwenden wollen, müssen wir die Stufenfunktion eines Akkords erkennen, um zu wissen, welche Skala zu ihm gehört.

Zunächst werden wir die sogenannten Kirchentonleitern herleiten. Dabei handelt es sich um die Skalen, die sich aus einer normalen Dur-Tonleiter bilden lassen. Diese Skalen werden wir später den uns bekannten Akkorden zuordnen.

Wie wir auf jedem Ton der Dur-Tonleiter einen Akkord aufgebaut haben, so können wir auf jedem Ton eine Skala aufbauen. Als Beispiel soll uns wieder eine C-Dur-Tonleiter über zwei Oktaven dienen.

Wenn wir die C-Dur Tonleiter spielen, indem wir auf C beginnen und bei C aufhören, dann erhalten wir eine normale Dur-Tonleiter. Jetzt fangen wir auf der VI. Stufe an, spielen also C-Dur, beginnen aber mit A und enden mit A:

VI.
C D E F G **A B C D E F G A** B C

Es ergibt sich eine neue Tonleiter mit den Tönen: A B C D E F G. Die Abstände zwischen den Tönen sind:

A -- B - C -- D -- E - F -- G -- A
(Ganzton) (Halbton) (Ganz) (Ganz) (Halb) (Ganz) (Ganzton)

Diese Abstände sind die Merkmale einer natürlichen Moll-Tonleiter. Da wir sie aus einer Dur-Tonleiter abgeleitet haben, sagt man, dass A-Moll die parallele Moll-Tonleiter zu C-Dur ist. Umgekehrt ist C-Dur die parallele Dur-Tonleiter zu A-Moll. Beide Tonleitern bestehen aus denselben Tönen und haben dieselben Vorzeichen (in diesem Fall keine). Sie unterscheiden sich lediglich durch den Anfangston.

C-Dur und A-Moll unterscheiden sich allerdings, wenn man den jeweiligen Abstand der Stufen zum Skala-Grundton misst.

In C-Dur kommen neben den reinen Intervallen wie der 4 und der 5 nur **große Intervalle** vor:

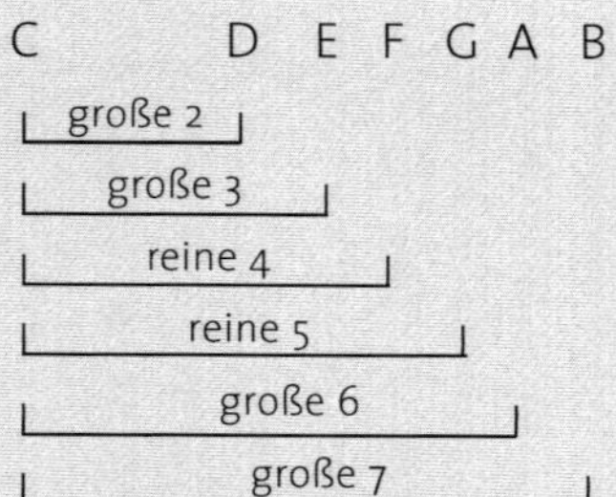

In A-Moll kommen neben den reinen Intervallen vorwiegend **kleine Intervalle** vor:

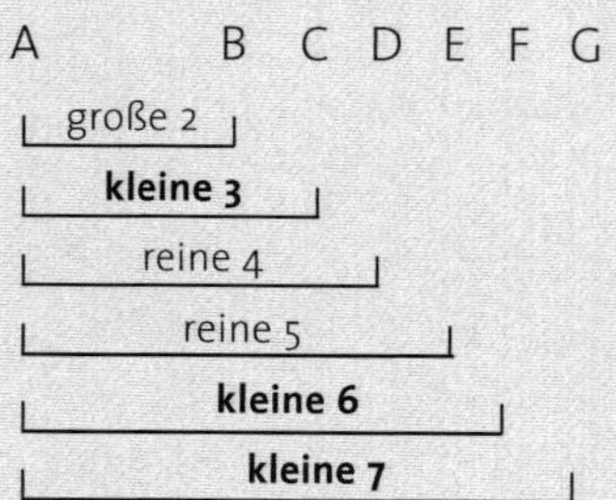

Wenn wir also eine Dur-Tonleiter von ihrem sechsten Ton aus spielen (in C-Dur von A bis A), erhalten wir eine Moll-Tonleiter. Was passiert, wenn wir das gleiche Prinzip auch auf die anderen Stufen einer Dur-Tonleiter anwenden?

Wir gehen weiterhin von C-Dur aus. C-Dur von der II. Stufe aus betrachtet – das heißt wir beginnen und enden mit D, dem zweiten Ton in C-Dur:

II.

C **D E F G A B C** D E F G A B C

Wenn wir die Intervalle in dieser neuen Skala betrachten, dann haben wir eine Moll-Tonleiter mit einer großen 6 geschaffen (von D aus gesehen ist B eine große 6, alle anderen Intervalle entsprechen denen einer Moll-Tonleiter). Man bezeichnet sie als **D-Dorisch**.

C-Dur, von der III. Stufe aus betrachtet, stellt sich so dar:

III.

C D **E F G A B C D E** F G A B C

Es ergibt sich eine Moll-Tonleiter, aber diesmal mit einer kleinen 2. (Von der III. Stufe E aus betrachtet, ist F eine kleine 2.) Man bezeichnet sie als **E-Phrygisch**.

Die nächste Stufe ist die IV.:

IV.

C D E **F G A B C D E F** G A B C

Es ergibt sich eine Dur-Tonleiter mit einer übermäßigen 4. Man bezeichnet sie als **F-Lydisch**.

Die V. Stufe:

V.

C D E F **G A B C D E F G** A B C

Es ergibt sich eine Dur-Tonleiter mit einer kleinen 7. Man bezeichnet sie als **G-Mixolydisch**.

Die VII. Stufe:

VII.

C D E F G A **B C D E F G A B** C

Es ergibt sich eine Moll-Tonleiter mit einer kleinen 2 und einer verminderten 5. Man bezeichnet sie als **B-Lokrisch**.

Die Skalen, die wir aus der Dur-Tonleiter gewonnen haben, heißen Kirchentonleitern. Innerhalb dieses Systems nennt man die normale Dur-Tonleiter **Ionisch** und die natürliche Moll-Tonleiter **Äolisch** (in unserem Beispiel von C-Dur: C-Ionisch und A-Äolisch).

Eine Zusammenfassung im Notenbild:

Bsp 12 — *Kirchentonleitern in C-Dur*

Die exotisch klingenden Namen der Kirchentonleitern stammen aus dem Griechischen und
dürfen uns vor allem eines nicht vergessen lassen: Sie bezeichnen in unseren Beispielen jedes-
mal ein und dieselbe C-Dur-Tonleiter, nur von verschiedenen Anfangstönen aus betrachtet.

Das Gleiche lässt sich selbstverständlich auch in jeder anderen Tonart praktizieren: In einer
Bb-Dur-Tonleiter wäre der zweite Ton ein C, also würde angefangen von der II. Stufe in Bb-Dur
eine C-Dorisch-Skala entstehen. Am folgenden **Bsp.13** kannst Du noch einmal überprüfen: Alle
Skalen, die aus derselben Dur-Tonleiter entstehen, enthalten dieselben Töne und haben dieselben Vorzeichen. Nur die Anfangstöne sind verschieden.

Bsp 13 — *Kirchentonleitern in Bb-Dur*

Um uns von Beispiel-Tonarten zu trennen, hier eine allgemein gültige Übersicht:

Bsp 14

STUFE	SKALA	DEFINITION
I.	Ionisch	Dur-Tonleiter
II.	Dorisch	Moll mit großer 6
III.	Phrygisch	Moll mit kleiner 2
IV.	Lydisch	Dur mit übermäßiger 4
V.	Mixolydisch	Dur mit kleiner 7
VI.	Äolisch	Moll-Tonleiter
VII.	Lokrisch	Moll mit kleiner 2 und verminderter 5

Hinweis: Bei der Beschäftigung mit Skalen halte ich den Begriff „Kirchentonleitern" für sinnvoll. Historisch betrachtet handelt es sich jedoch um „Kirchentonarten", da früher ganze Lieder in einer Kirchentonart standen, vergleichbar mit unserem heutigen Begriff von Dur- und Moll-Tonart.

Ursprünglich gab es nur die sechs Kirchentonarten, die auf der I. bis VI. Stufe der Dur-Tonleiter entstehen. Erst im 20. Jahrhundert wurde auf der VII. Stufe die lokrische Skala hinzugefügt, um das System lückenlos zu schließen.

Die Kirchentonleitern/Kirchentonarten werden auch Modi genannt (Einzahl: Modus), da jede für sich immer in der gleichen Weise (im gleichen Modus) gebildet wird.

Von jeder Skala können wir einen Akkord ableiten, indem wir den 1., 3., 5. und 7. Ton heraus-
nehmen. Am Beispiel der Skalen von C-Dur sieht das so aus:

Bsp 15 — *Skalen und ihre Akkorde in C-Dur*

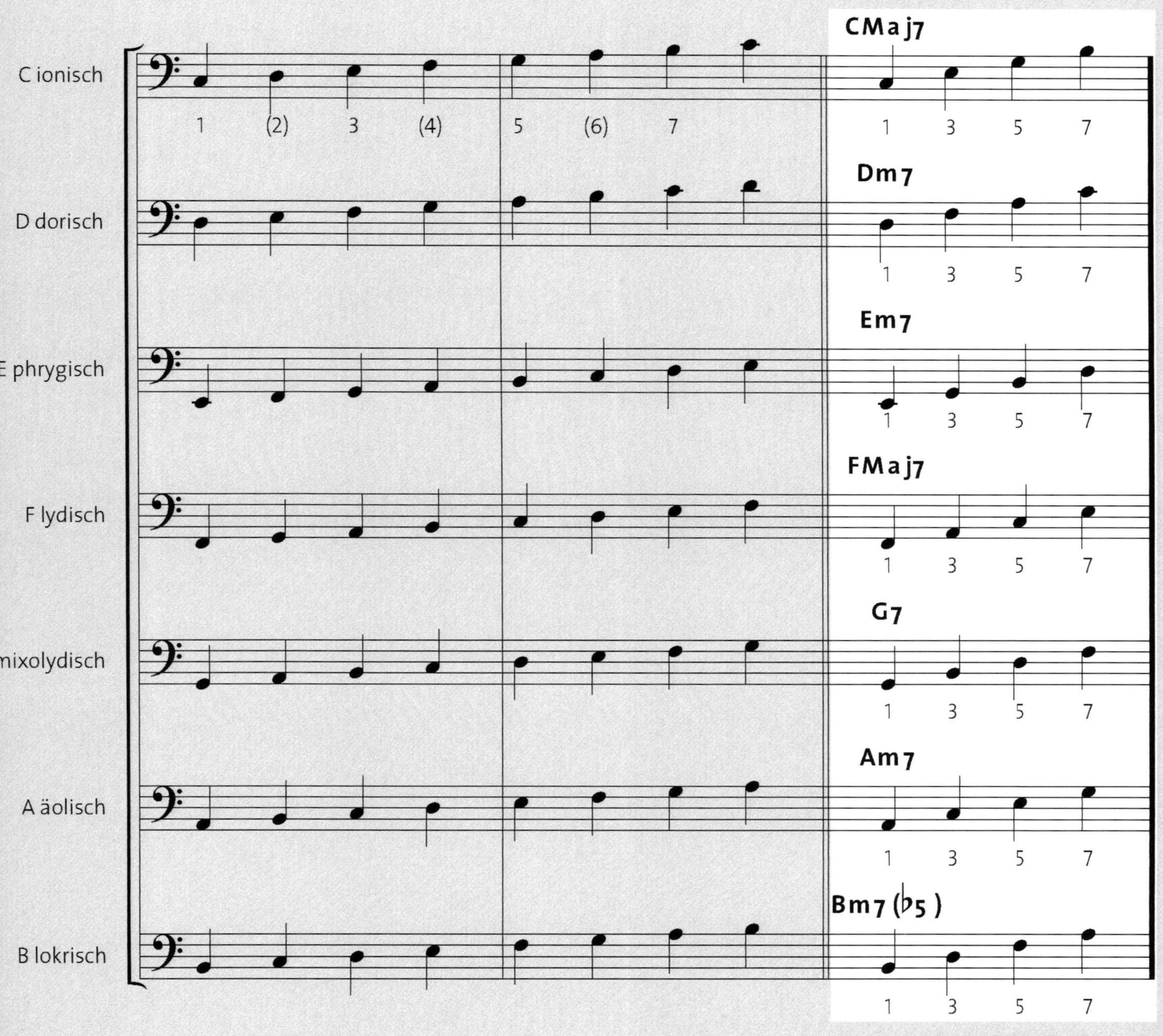

Daraus können wir eine allgemein gültige Tabelle ableiten, die Du Dir so gut einprägen solltest, dass sie in Gedanken jederzeit abrufbar ist:

Bsp 16	STUFE IN DER DUR-TONLEITER	SKALA	AKKORDTYP
	I.	Ionisch	Maj7
	II.	Dorisch	m7
	III.	Phrygisch	m7
	IV.	Lydisch	Maj7
	V.	Mixolydisch	7
	VI.	Äolisch	m7
	VII.	Lokrisch	m7(b5)

Vergleiche **Bsp.16** mit **Bsp.11**. An dieser Stelle schließt sich ein logischer Kreis: Wir haben
jeder Stufe der Dur-Tonleiter eine Skala und einen Akkordtyp zugeordnet, wobei Maj7- und
m7-Akkorde zu mehreren Skalen gehören können.

Die V. Stufe nimmt in einer Tonart eine Sonderstellung ein. Man bezeichnet sie als Dominante (der Vollständigkeit wegen sei erwähnt, dass die I. Stufe auch als Tonika sowie die IV. Stufe als Subdominante bezeichnet werden können).

Eine Dominante wird in einer Akkordfolge besonders gern benutzt, um das Ohr zur I. Stufe zurückzuleiten. Das hat zwei Gründe:

1) Der 7-Akkord (oder Dominant-7-Akkord) ist der einzige, bei dem sich zwischen den Akkord-tönen 3 und 7 der Abstand einer verminderten 5 ergibt. Damit ist dieser Akkord in der Lage, besonders viel harmonische Spannung zu erzeugen, die man wiederum mit einer folgenden I. Stufe sehr schön auflösen kann.

2) Die 3 des Dominant-7-Akkords liegt nur einen Halbton unter dem Grundton der folgenden I. Stufe. Man spricht von dieser 3 als Leitton, weil sie das Ohr zum Grundton der I. Stufe hinleitet. Außerdem ist die 7 des Dominant-7-Akkords ein Gleitton: Sie gleitet zur 3 der I. Stufe.

Beispiel G7-CMaj7: Zwischen der 3 und der 7 von G7, also zwischen B und F, besteht der Abstand einer verminderten 5. Außerdem leitet das B von G7 das Ohr zum Grundton von CMaj7 *(Leitton)*, das F von G7 gleitet zum E von CMaj7 *(Gleitton)*.

Was Du noch wissen solltest: Eine verminderte 5 (bzw. übermäßige 4) wird auch als „Tritonus" bezeichnet. Von diesem Begriff wird gerade im Zusammenhang mit Dominant-7-Akkorden viel Gebrauch gemacht. Der Tritonus nimmt unter den Intervallen eine Sonderstellung ein, weil er besonders dissonant ist, also für das menschliche Ohr besonders unschön klingt, und somit viel harmonische Spannung erzeugt. Übrigens: Im Mittelalter befand die Kirche den Tritonus (den „Teufel der Musik") als „zu dissonant" und verbot kurzerhand die Benutzung dieses Intervalls!

KAPITEL 6 Sieh Dir die ersten vier Takte von „Tune Down" an und versuche, jedem Akkord eine Skala zuzuordnen.

Für Em7 kommen drei Skalen in Betracht: Dorisch, Phrygisch oder Äolisch. Zu A7 passt nur eine Skala: Mixolydisch. Für DMaj7 kommen zwei Skalen in Frage: Ionisch oder Lydisch.

Da wir nur die Skala von A7 eindeutig bestimmen können, nämlich A-Mixolydisch, unterstellen wir probehalber allen drei Akkorden einen harmonischen Zusammenhang, in der Hoffnung, so für die übrigen Akkorde passende Skalen zu finden:

Wenn A7 die V. Stufe einer Dur-Tonleiter darstellt, dann müsste A7 die V. Stufe von D-Dur sein. Diese Folgerung hilft uns weiter: Wenn wir die ersten vier Takte auf einen Zusammenhang mit D-Dur untersuchen, stellen wir fest, dass D-Dur auf der II. Stufe den Akkord Em7 enthält. Da die II. Stufe einer Dur-Tonleiter dorisch ist, können wir dem Akkord Em7 die dorische Skala zuordnen. DMaj7 ist die I. Stufe in D-Dur, entspricht also der ionischen Skala (einfacher ausgedrückt: der normalen Dur-Tonleiter).

Das gleiche Prinzip wenden wir auf die zweite Zeile an: Dm7, G7 und CMaj7 stellen die Stufen II, V und I in C-Dur dar. Solche Akkordfolgen nennt man II-V-I-Verbindungen. Sie kommen in Jazz-Standards sehr häufig vor.

Regel: Die Akkordtypen einer **II-V-I-Verbindung** sind m7, 7 und Maj7. Wir ordnen ihnen die Skalen Dorisch, Mixolydisch und Ionisch zu:

II m7 > Dorisch
V 7   > Mixolydisch
I Maj7 > Ionisch

In der dritten Zeile erkennen wir eine II-V-I-Verbindung in Bb-Dur, gefolgt von dem Akkord Gm7. Zwar gehört Gm7 nicht zur II-V-I-Verbindung, passt aber trotzdem in den harmonischen Bereich von Bb-Dur, weil Gm7 die VI. Stufe in Bb-Dur ist. Der VI. Stufe ordnen wir die äolische Skala (natürliche Moll-Tonleiter) zu.

In der letzten Zeile sehen wir die Akkorde Em7 und A7. Sie bilden einen Bereich D-Dur, der allerdings von den Akkorden F7 und BbMaj7 unterbrochen wird. F7 und BbMaj7 stellen eine **V-I-Verbindung** dar.

Ü6.1 zeigt alle Skalen, die wir den einzelnen Akkorden in „Tune Down" zugeordnet haben. Es handelt sich zwar nicht um eine Walking Bass-Übung, spiele aber trotzdem in einem angenehmen Tempo alle Skalen durch, um Dich mit ihrer Lage auf dem Griffbrett vertraut zu machen. Im Rahmen von Technik-Übungen ist es sinnvoll, Skalen über mehrere Oktaven zu üben und bis an beide Enden des Griffbretts zu spielen.

Tune Down – *Skalenübersicht*

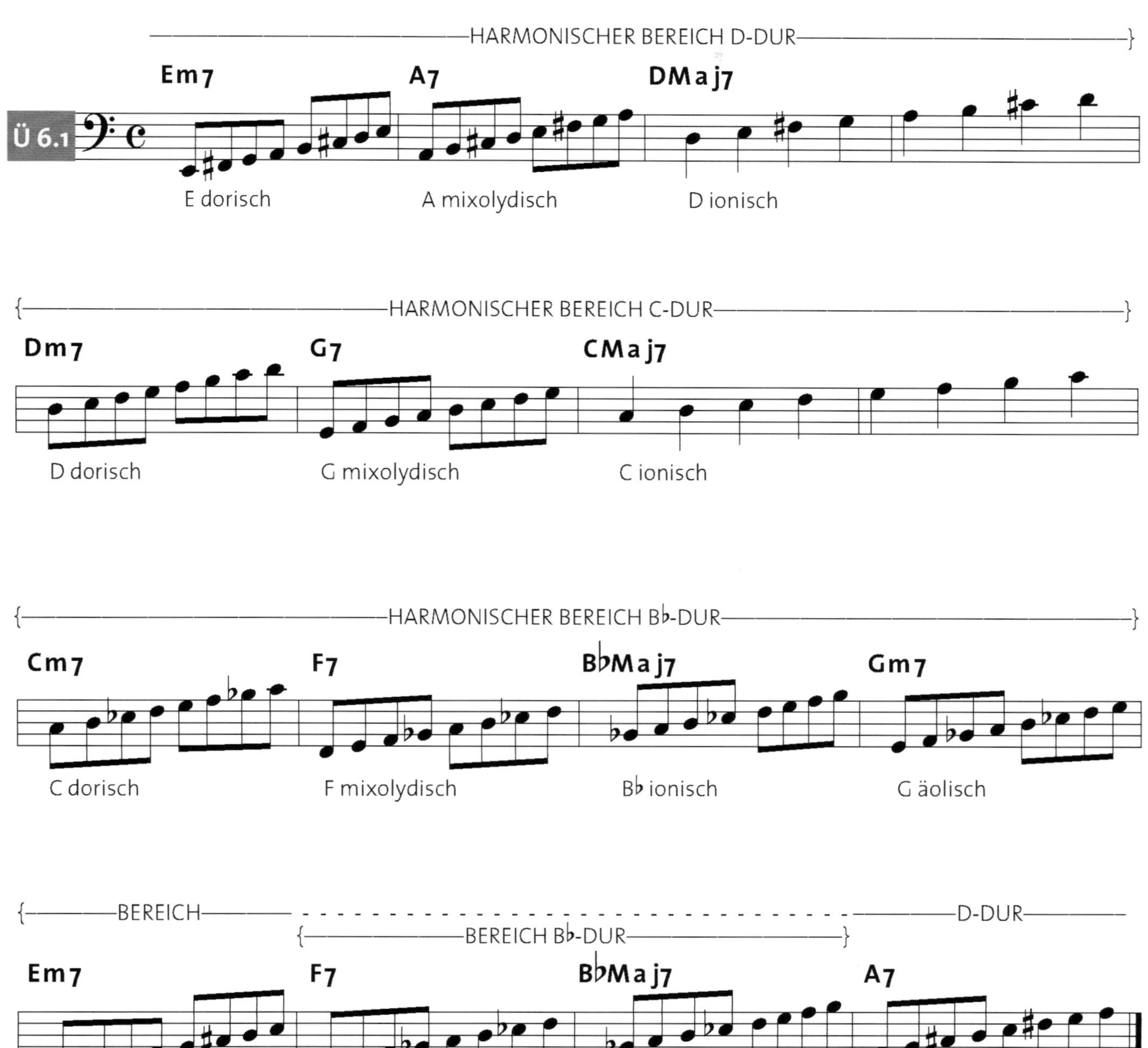

Hinweis: Griffbilder zu diesen Skalen finden sich unter „Anhang: Griffbilder".

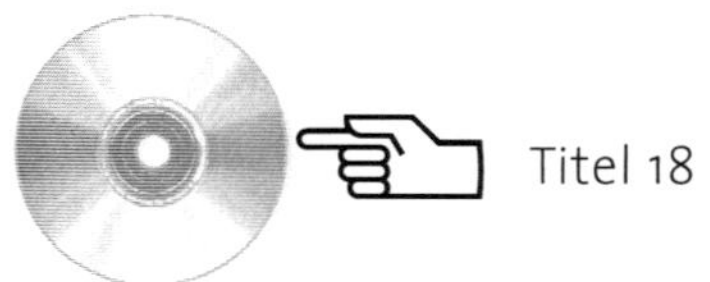

Spiele in Übung **Ü6.2** pro Takt die ersten vier Töne jeder Skala aufwärts. Spiele die ganze Skala, wenn ein Akkord über zwei Takte klingt.

Titel 18

Tune Down – *Skalen aufwärts*

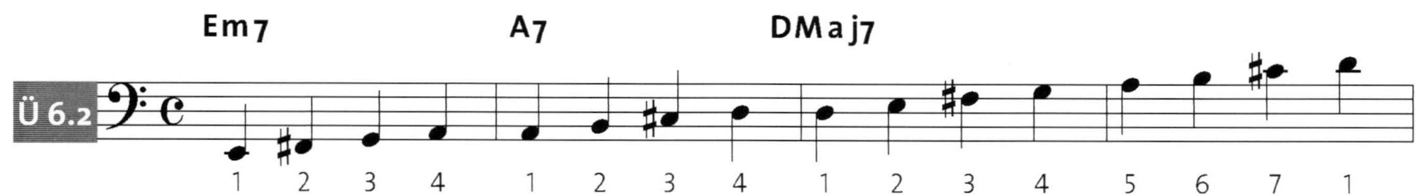

Ü6.3 enthält das gleiche Prinzip, jetzt aber alle Skalen abwärts. Skalen (und Arpeggios) abwärts zu spielen, ist übrigens eine wichtige Übung, die viel zu oft vernachlässigt wird.

Tune Down – *Skalen abwärts*

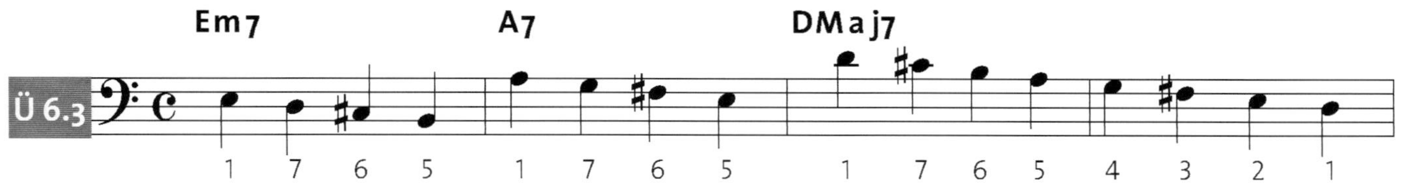

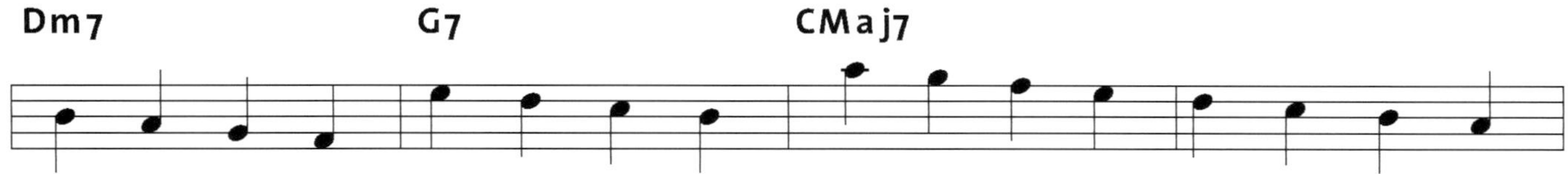

Allein das Auf- und Abspielen von Skalen ergibt noch keine Walking Bass-Linie, wie **Ü6.2** und **Ü6.3** unschwer erkennen lassen.

In **Ü6.4** zeige ich eine Basslinie, in der wir zu unserem Wissen um Akkordtöne und chromatische Verbindungstöne jetzt auch Skalentöne hinzufügen. Chromatische Verbindungstöne sind mit einem „c", Skalentöne mit Ziffern gekennzeichnet. Diese Ziffern bezeichnen die Stufe des jeweiligen Tones in der zum Akkord gehörenden Skala. Skalennamen sind mit ihren ersten drei Buchstaben abgekürzt.

Dass man die richtigen Skalen auswählt, ist gleich im ersten Takt von **Ü6.4** von Bedeutung: F# ist der zweite Ton in E-Dorisch. Hätte ich mich hier fälschlicherweise für E-Phrygisch entschieden, hätte ich ein F gespielt.

Titel 20

Tune Down – *Skalentöne*

Ü6.5 stellt ein Beispiel für eine Walking Bass-Linie über „Giant's Taps" dar. Die Angaben der harmonischen Bereiche über den Akkorden und die Erklärung der verwendeten Skalentöne unter den Notenlinien solltest Du auch selbstständig bestimmen können.

Titel 21 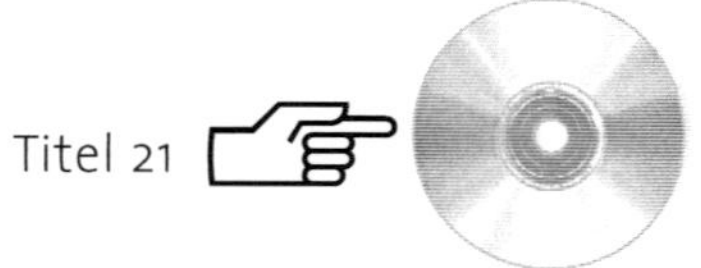

Giant's Taps – *Skalentöne*

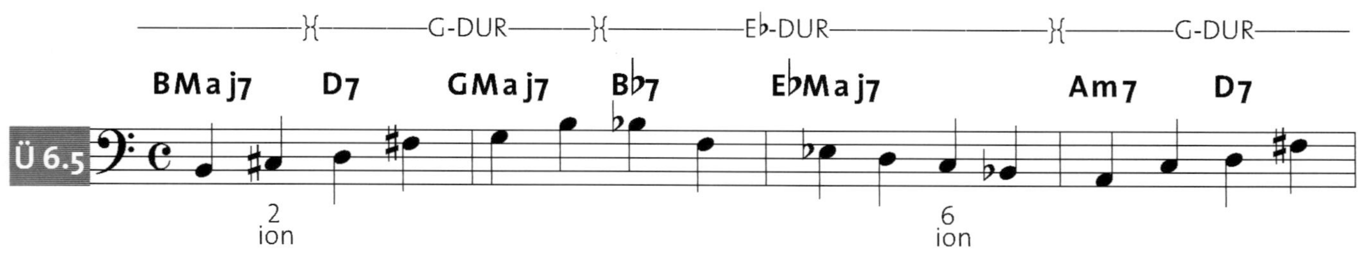

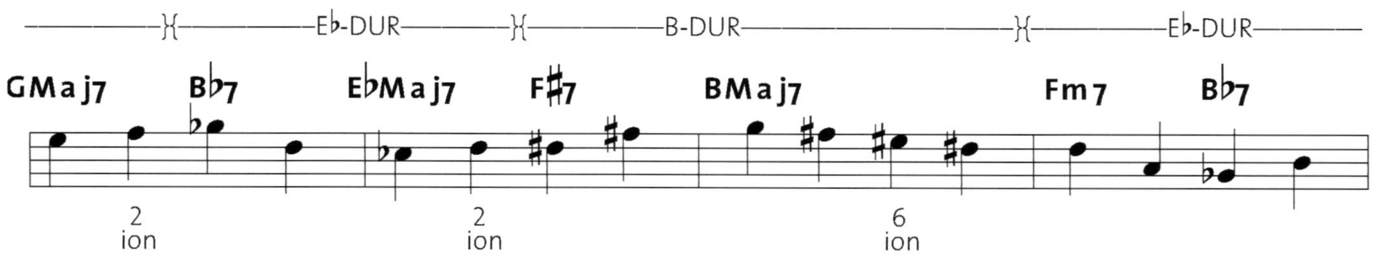

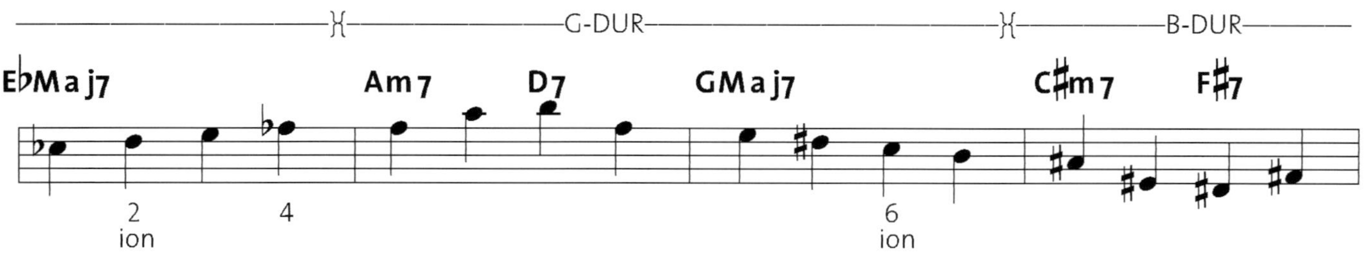

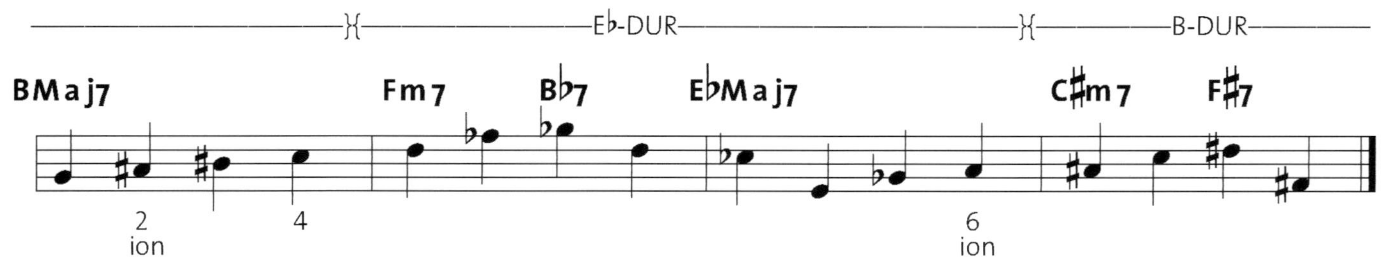

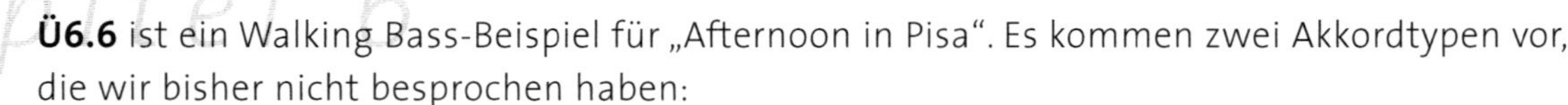

Ü6.6 ist ein Walking Bass-Beispiel für „Afternoon in Pisa". Es kommen zwei Akkordtypen vor, die wir bisher nicht besprochen haben:

1) G7(b9) ist ein G7-Akkord, der zusätzlich eine kleine 9 (=b9) enthält (*siehe auch S. 94 „Kapitel 11: Optionstöne"*). Eine b9 ist de facto derselbe Ton wie eine kleine 2, also G7(b9)=G,B,D,F+Ab.
   Hierzu passt eine mixolydische Skala, deren zweiten Ton wir allerdings um einen Halbton vermindern. Sie heißt „Mixolydisch b9".

   Hinweis: An dieser Stelle im Stück befinden wir uns noch immer im harmonischen Bereich von C-Dur, auch wenn Ab nicht in C-Dur enthalten ist (der Ton Ab kommt in diesem Takt allerdings im Thema vor, siehe Anhang)!

2) CMaj7/E ist ein sogenannter „Slash"-Akkord (sprich: „C Major sieben über E"). Der Buchstabe hinter dem Längsstrich bezeichnet den Ton, der unter dem Akkord klingen soll. Von Bassisten wird meist erwartet, dass sie auf diesen „freundlichen Vorschlag" in ihrer Bass-Linie eingehen. In diesem Fall werden wir uns also bemühen, bei CMaj7/E ein E unterzubringen, am besten auf die erste Zählzeit des Akkords.

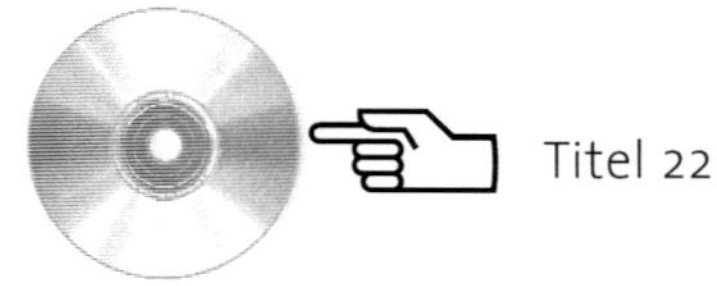

Titel 22

Afternoon in Pisa – *Skalentöne*

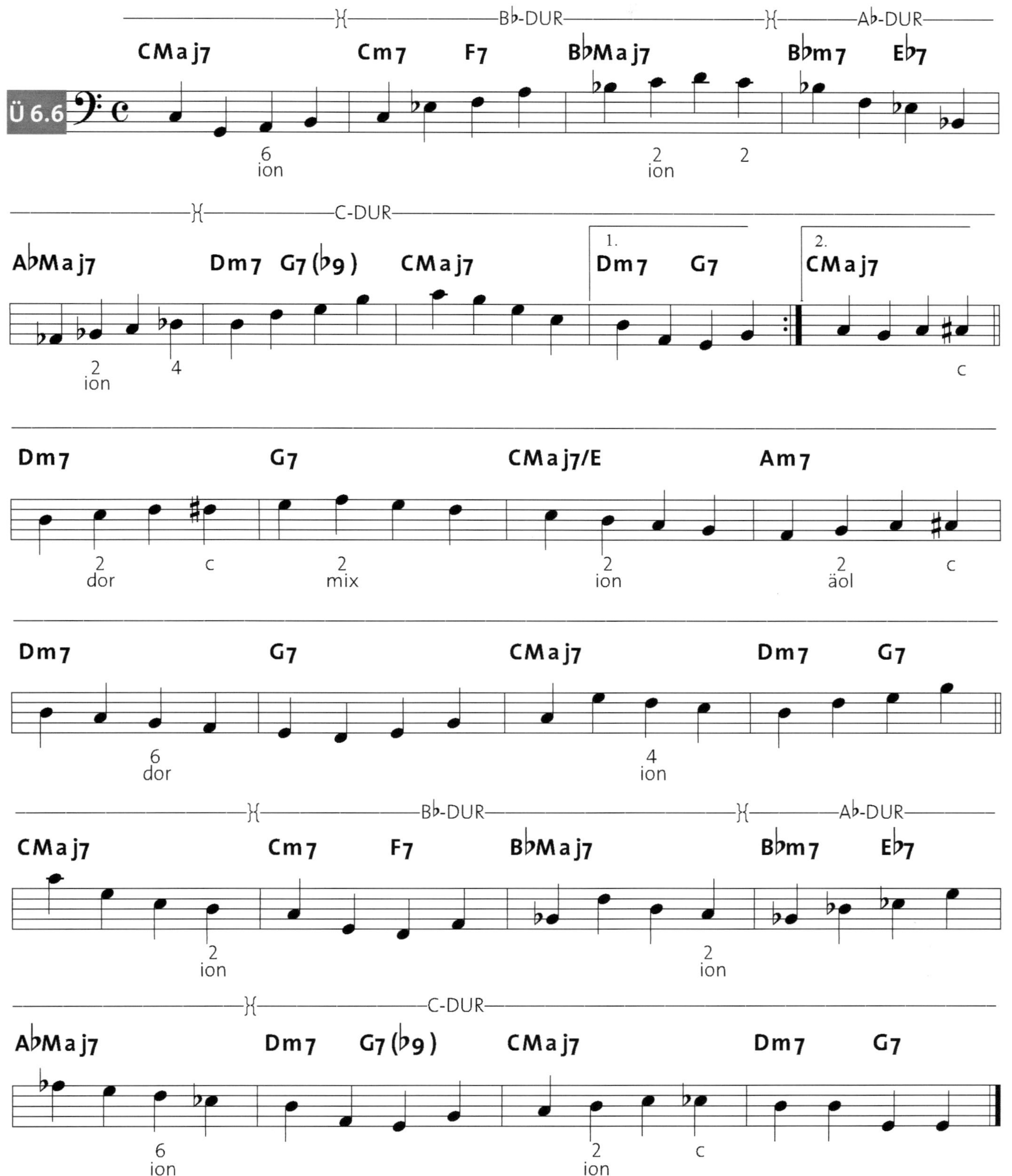

**THEORE-
TISCHER
TEIL 3**

Genauso wie wir im zweiten theoretischen Teil die Dur-Tonleiter harmonisiert haben, können wir auch auf jeder Stufe einer Moll-Tonleiter einen Akkord und eine Skala aufbauen. Da die Moll-Tonleiter selbst aus der VI. Stufe der Dur-Tonleiter stammt (=Äolisch), erhalten wir erwartungsgemäß die uns bereits bekannten Kirchentonleitern und Akkorde, nur in anderer Reihenfolge:

Bsp 17

STUFE IN DER MOLL-TONLEITER	SKALA	AKKORDTYP
I.	Äolisch	m7
II.	Lokrisch	m7(b5)
III.	Ionisch	Maj7
IV.	Dorisch	m7
V.	Phrygisch	m7
VI.	Lydisch	Maj7
VII.	Mixolydisch	7

Die A-Moll-Tonleiter und ihre V. Stufe im Notenbild:

Bsp 18 – *Stufen I und V in A-Moll*

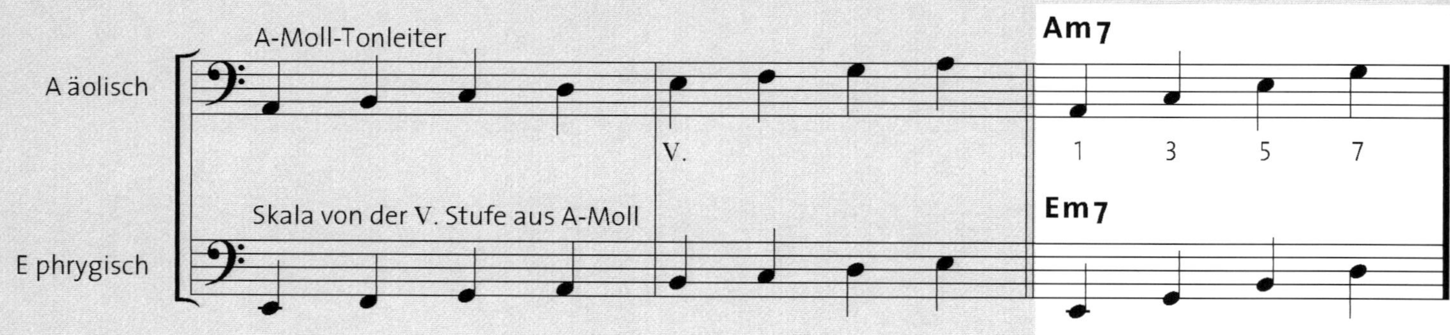

Unpraktisch bei der Moll-Tonleiter ist, dass wir auf der V. Stufe einen m7-Akkord erhalten. Für eine Dominante, die das Ohr zurück zur I. Stufe (in Moll) führt, brauchen wir aber einen Dominant-7-Akkord. In **Bsp. 18** müssten wir also aus dem G von Em7 ein G# machen, um den Akkord E7 zu erzwingen.

Das tun wir auch, und **Bsp.19** zeigt, dass wir durch den Ton G# auch die Skala entsprechend verändern müssen: Wir erhalten die Tonleiter A-Harmonisch Moll (Harmonisch Moll unterscheidet sich von der natürlichen Moll-Tonleiter nur durch den erhöhten 7. Ton). Der dazugehörige Akkord heißt Am(maj7) und ist ein Moll-Dreiklang mit einer großen 7.
   Auf der V. Stufe von Harmonisch Moll ergibt sich ebenfalls eine neue Skala; sie heißt Harmonisch Moll 5. In unserem Beispiel sind das also A-Harmonisch Moll und E-Harmonisch Moll 5. Die wichtigste Erkenntnis dabei ist, dass wir auf der V. Stufe von Harmonisch Moll einen Dominant-7-Akkord erhalten:

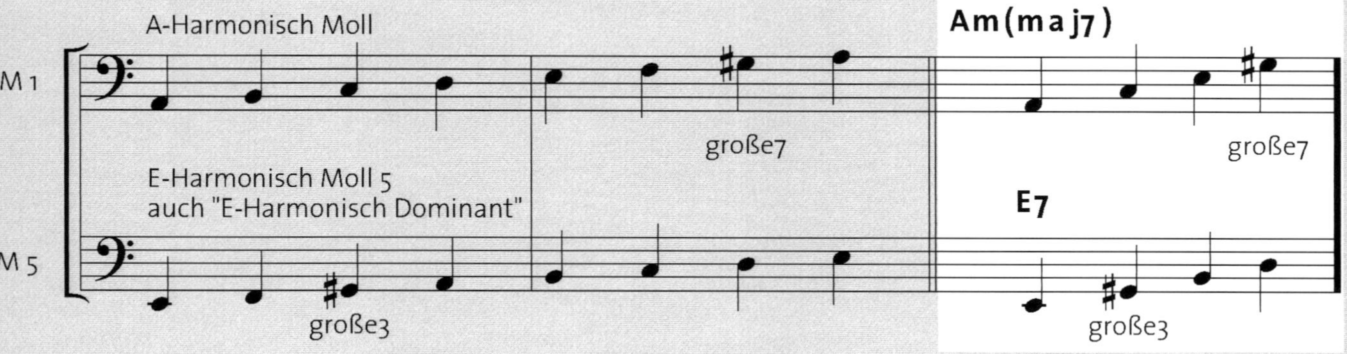

Harmonisch Moll (HM 1) und Harmonisch Moll 5 (HM 5) sind die zwei wichtigsten Skalen im System von Harmonisch Moll. Obwohl sich auch auf allen anderen Stufen von Harmonisch Moll Skalen bilden lassen (HM 2, HM 3, HM 4, HM 6, HM 7), führe ich diese hier nicht auf, weil sie praktisch kaum Anwendung finden. Wichtig ist, HM 1 und HM 5 zu verstehen und zu beherrschen.

KAPITEL 7 In **Ü7.1** habe ich den Akkorden von „Autumn Trees" jeweils eine Skala zugeordnet. **Ü7.1** ist also nicht als Walking Bass-Übung zu verstehen, sondern zur Veranschaulichung der Skalen gedacht.

In den ersten drei Takten sehen wir eine II-V-I-Verbindung in Bb-Dur. EbMaj7 im vierten Takt ist die IV. Stufe in Bb-Dur, die dazugehörige Skala also Eb-Lydisch.

Die zweite Zeile enthält die Akkorde Am7(b5) und Gm7. Sie könnten die VII. und die VI. Stufe in Bb-Dur darstellen, aber D7 will nicht so recht in Bb-Dur passen, weil in Bb-Dur die III. Stufe Dm7 (Phrygisch) wäre.

Tatsächlich stellen diese drei Akkorde aber ebenfalls eine II-V-I-Verbindung dar, nämlich eine II-V-I in G-Moll. G-Moll ist die parallele Moll-Tonart von Bb-Dur, enthält also die gleichen Töne und Akkorde. Am7(b5) können wir somit eine lokrische und Gm7 eine äolische Skala zuordnen. Das Problem bleibt D7:

Wenn wir Gm7 als I. Stufe betrachten, dann ist Am7(b5) die II. Stufe in G-Moll. Damit in G-Moll auf der V. Stufe ein Dominant-7-Akkord entsteht, bedient man sich eines kleinen Tricks: Aus der V. Stufe Dm7 wird D7, indem man den Ton F in F# ändert.

Machen wir aus F ein F#, ändert sich auch die Skala an dieser Stelle. Aus Dm7, dem wir normalerweise Phrygisch zugeordnet hätten, wird D7, und durch das F# erhalten wir quasi eine phrygische Skala mit einer großen 3, auch Phrygisch Dur genannt. Verbreiteter ist jedoch die Bezeichnung Harmonisch Moll 5 (HM 5) oder Harmonisch Dominant, weil diese Skala der V. Stufe von Harmonisch Moll entspricht.

Achtung: Auch wenn wir D7 die Skala HM 5 zuordnen, so bleibt die I. Stufe Gm7 doch äolisch, weil wir durch besagtes F# sonst einen Moll-Akkord mit großer 7 erhalten würden, nämlich Gm(maj7).

Regel: Eine **II-V-I-Verbindung in Moll** besteht aus den Akkordtypen m7(b5), 7 und m7. Wir ordnen ihnen die Skalen Lokrisch, HM 5 und Äolisch zu.

    II m7(b5) > **Lokrisch**
    V 7   > **HM5**
    I m7   > **Äolisch**

II-V-KETTE Die letzten acht Takte von „Autumn Trees" müssen wir genauer betrachten: Am7(b5), D7 und Gm7 sind eine Moll-II-V-I. Den Akkord Gm7 würde man aber eher der folgenden Dur-II-V-I zuordnen.

In F-Dur sind Gm7 und C7 eine II. und eine V. Stufe, denen eigentlich die I. Stufe FMaj7 folgen sollte. Also ordnen wir Gm7 eine dorische und C7 eine mixolydische Skala zu. Dass in Wirklichkeit der folgende Akkord ein Fm7 und kein FMaj7 ist, gehört zu den Freiheiten, die ein Komponist genießt. Dennoch sind Gm7 und C7 als eine II-V-Verbindung (ohne I. Stufe) anzusehen.

Fm7, Bb7 und EbMaj7 stellen eine II-V-I-Verbindung in Eb-Dur dar. Somit wäre EbMaj7 ionisch. Wenn man allerdings Fm7 und Bb7 als eine II-V-Verbindung ohne I. Stufe betrachten will, kann man EbMaj7 auch eine lydische Skala zuordnen, weil sich „Autumn Trees" überwiegend im harmonischen Bereich von Bb-Dur (bzw. G-Moll) abspielt und somit EbMaj7 auch die IV. Stufe in Bb-Dur darstellen kann (bzw. die VI. Stufe in G-Moll).

G7 im letzten Takt ist ein sogenannter „Turnback" und führt uns als (Zwischen-)Dominante zurück an den Anfang des Stücks (als ob G7-Cm7 eine V-I-Verbindung in Moll wäre). Da wir aber wissen, dass Cm7 im ersten Takt keine I. Stufe darstellt, bleiben wir im letzten Takt im harmonischen Bereich G-Moll, nur der Ton B ist neu (im Vergleich zum vorletzten Takt Gm7), um eine „dominantische Spannung" (Theoretischer Teil 2D) zu erzeugen. Wenn wir nun in der Skala G-Äolisch den Ton Bb durch B ersetzen, erhalten wir eine äolische Skala mit einer großen 3, oder anders betrachtet: eine mixolydische Skala mit einer kleinen 6, genannt „Mixolydisch b13" (die b13 entspricht de facto einer kl. 6, *siehe auch S. 94* „Kapitel 11: Optionstöne").

Autumn Trees – *Skalenübersicht*

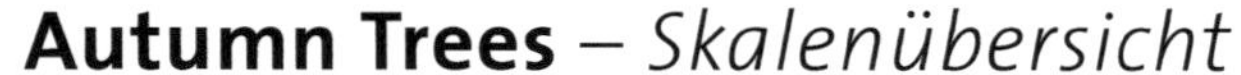

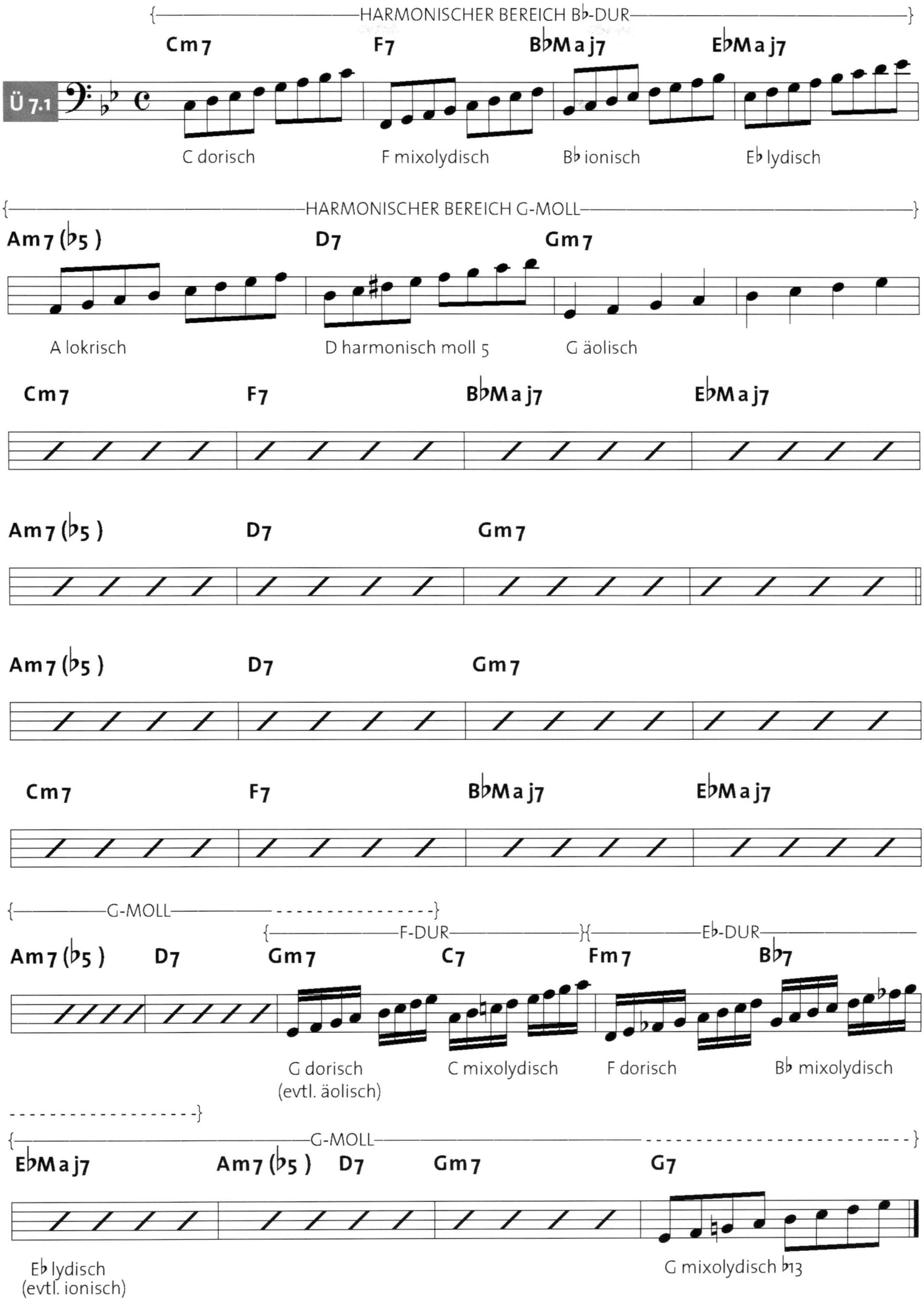

Ü7.2 ist eine Basslinie, die ich um unser neues Skalen-Wissen erweitert habe. Wie in den Übungen zuvor beginnen alle Akkordwechsel mit dem Grundton. Skalentöne und chromatische Verbindungstöne sind gekennzeichnet.

 Titel 23

Autumn Trees – *Skalentöne*

Anders als in **Ü3.4** habe ich in **Ü7.3** die Akkorde von „Nasrid" rhythmisch so angeordnet, wie es dem Thema des Stücks entspricht (*siehe Anhang, S. 106*). Obwohl man für Soli über „Nasrid" in der Regel einfach einen Akkord pro Takt spielt, muss ein Bassist auch in der Lage sein, Akkordwechsel zu berücksichtigen, die nicht auf den Taktbeginn fallen.

Harmonisch wird es nun etwas ungewohnt, weil „Nasrid" fast keine II-V-I-Verbindungen aufweist. Den harmonischen Charakter des Stücks macht der Klang von E-Phrygisch aus (=Notenmaterial von C-Dur). Acht geben muss man bei B7 und EMaj7: Diese Akkorde passen nicht ganz zu E-Phrygisch. Am einfachsten ist, B7 als mixolydisch und EMaj7 als ionisch zu betrachten.

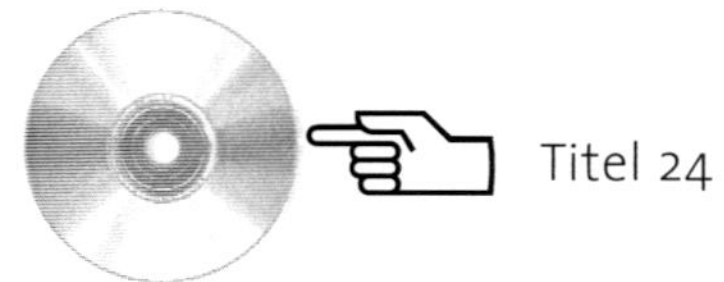

Titel 24

Nasrid – *Skalentöne*

„Alice in Disneyland" steht überwiegend im harmonischen Zusammenhang von C-Dur. In den ersten drei Zeilen finden sich lediglich eine II-V-I zur parallelen Tonart A-Moll und der nicht so recht zu C-Dur passende Akkord Eb7.

Die fünfte und sechste Zeile enthalten eine II-V-I-Verbindung in E-Moll, wobei ich den Akkord Em7 schon als II. Stufe der nun folgenden II-V-Verbindung in D-Dur ansehe. Anstelle einer I. Stufe DMaj7 geht es allerdings mit D-Moll weiter.

TRITONUS-SUBSTITUTION

Der Akkord Eb7 bedarf einer ausführlichen Erklärung: Um den siebten Takt Am7 mit dem neunten Takt Dm7 elegant zu verbinden, wurde im achten Takt die Zwischendominante A7 benutzt. Der Akkord A7 wurde aber durch Eb7 ersetzt, was verständlich wird, wenn man sich vor Augen hält, dass beide Akkorde die Töne G und Db (=C#) gemeinsam haben. Da die Grundtöne von A7 und Eb7 den Abstand einer verminderten 5 haben, spricht man hier von einer Tritonus-Substitution (*vgl. S. 57 Tritonus=b5, Substitution=Ersatz*).

Nun zur Skala: Wie Du wahrscheinlich schon bemerkt hast, kann man grundsätzlich mit der mixolydischen Skala bei einem 7-Akkord nicht allzuviel falsch machen. Wer etwas genauer sein möchte und dem ursprünglichen Akkord A7 Rechnung tragen will, der baut in die Skala Eb-Mixolydisch den Ton A ein und erhält somit die Skala „Eb-Mixolydisch #11" (#11 ist de facto eine übermäßige 4, *siehe dazu auch S. 94 „Kapitel 11: Optionstöne"*).

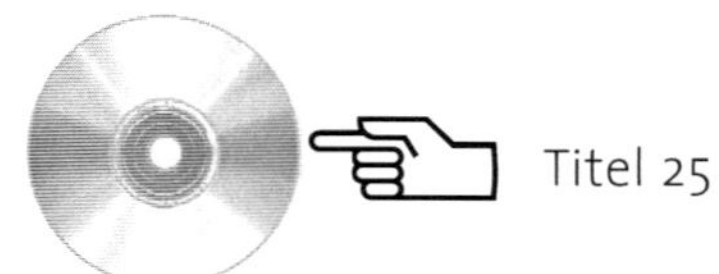

Titel 25

Die US-Musiker sagen übrigens nicht „Mixolydisch #11" sondern „Lydisch b7", was genau die gleiche Skala bezeichnet. Sie berücksichtigen damit die Tatsache, dass Lydisch b7 auf der IV. Stufe von Melodisch Moll entsteht und „Lydisch-typisch" eine übermäßige 4 enthält (Melodisch Moll entspricht einer natürlichen Moll-Tonleiter, bei welcher der 6. und der 7. Ton um einen Halbton erhöht sind).

Im Deutschen ist jedoch die Bezeichnung Mixolydisch #11 gebräuchlich und auch in unserem Fall sinnvoll, denn bei einem Akkord wie „Eb7" denkt man wohl eher an Mixolydisch als an Lydisch.

Mixolydisch #11 (Lydisch b7)

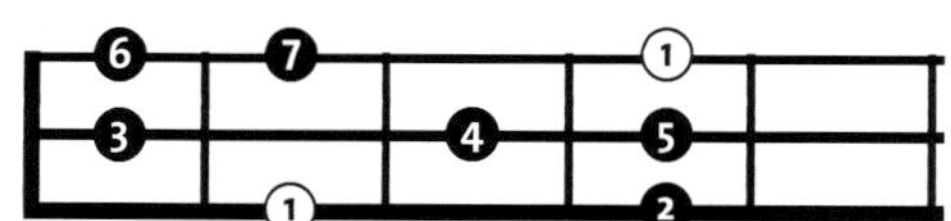

Alice in Disneyland – *Skalentöne*

SKALEN-DENKEN FÜR HARMONISCHE BEREICHE
(ANSTELLE EINZELNER AKKORDE)

Wenn die Akkorde schnell wechseln, sei es durch hohes Tempo, halbtaktige Akkordwechsel oder durch „kurze" 3/4-Takte, mag es unpraktisch erscheinen, die Skalen der Akkorde einzeln zu betrachten. Man kann auch in harmonischen Bereichen denken und mehreren Takten eine gemeinsame Skala zuordnen. Dann muss man die Wechsel der harmonischen Bereiche beachten.

Bei „Alice in Disneyland" würde es sich z.B. anbieten, über die ersten vier Takte Skalentöne aus C-Dur zu verwenden. Bei den drei folgenden Takten kann man Skalentöne aus A-Moll benutzen, und wer will, kann sogar weiterhin in C-Dur denken, weil das Tonmaterial beider Skalen gleich ist. In jedem Fall sollte aber beachtet werden, dass man bei E7 nicht allzu offensichtlich ein G spielt, denn zu diesem Akkord gehört das G# als große 3, welches in C-Dur nicht enthalten ist.

Auf diese Weise kann man sich eine Skala suchen, die zu einem ganzen Abschnitt passt. Das gilt auch für alle anderen bisher besprochenen Stücke. Bei „Nasrid" kann man mit Ausnahme von B7 und EMaj7 allein mit E-Phrygisch auskommen. Wer will, denkt an C-Dur, welche dieselben Töne enthält.

Bei „Autumn Trees" kann man (mit Ausnahme einiger Takte in den letzten beiden Zeilen) in Bb-Dur oder der Parallel-Tonart G-Moll denken. Aufgepasst bei allen D7-Akkorden: sie enthalten ein F#!

BEREICHE, IN DENEN MEHRERE SKALEN PASSEN

Bei allen Übungen der Kapitel 6 und 7 habe ich immer die naheliegendsten, für mich am logischsten erscheinenden Skalen ausgewählt. Es gibt sicher Stellen, an denen die Benutzung anderer Skalen möglich ist. In solchen Fällen gibt es drei Punkte, nach denen man eine Skala (oder eventuell mehrere Skalen) auswählen kann:

1) Man analysiert, ob das Thema Skalentöne enthält, die die Verwendung bestimmter Skalen nahe legen.

2) Man verlässt sich auf das Gehör und den persönlichen Geschmack.

3) Es kann Absprachen zwischen den Musikern geben, die die Verwendung bestimmter Skalen festlegen.

KAPITEL 8 Chromatische Töne sind die, welche sich nicht im Akkord und auch nicht in der dazu passenden Skala befinden. Wenn wir nun diese in das Walking Bass-Spiel einbeziehen, dann können
wir praktisch alle existenten Töne verwenden. Klanglich bringt die Verwendung chromatischer
Töne noch mehr Farbe in die Basslinie *(chroma = ital. Farbe)*. Die Schwierigkeit liegt darin,
akkord- und skalenfremde Töne so zu benutzen, dass die harmonische Struktur der Akkorde
und des Stücks gewahrt bleibt.

Regel: Jeder Akkordton kann chromatisch (über einen Halbtonschritt) von unten oder über
den nächstgelegenen Skalenton von oben angespielt werden.

Da wir uns bereits mit Skalentönen beschäftigt haben, soll dieses Kapitel ausschließlich von
chromatischen Anspielungen handeln. In der Praxis nimmt man es dann meist auch nicht
ganz so genau:

Inoffizielle Erweiterung der Regel: Ein Akkordton kann auch chromatisch von oben angespielt
werden.

In **Ü8.1** habe ich diese Regel auf die ersten Takte von „Autumn Trees" angewandt. Die
betreffenden chromatischen Töne sind mit einem „c" markiert. Die Akkordtöne, zu denen
die chromatischen Töne hinleiten sollen, sind mit Ziffern gekennzeichnet.
    Wie die eingeklammerten Ziffern im ersten und siebten Takt zeigen, kann ein Ton, der
als chromatische Anspielung gedacht ist, auch zufällig in der Skala enthalten sein.

Titel 26

Chromatische Anspielung von Akkordtönen

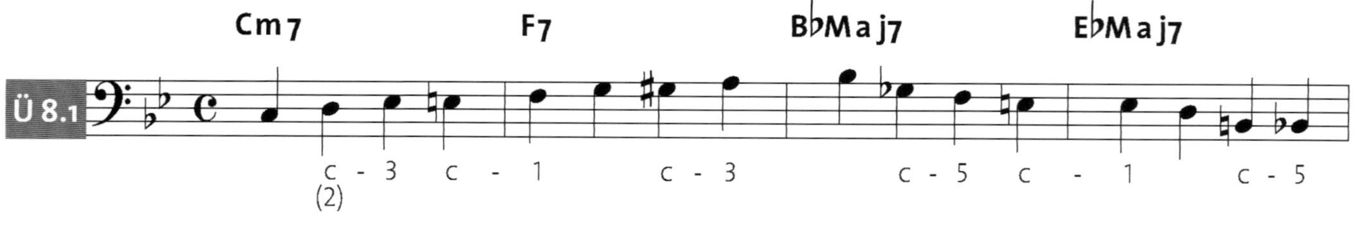

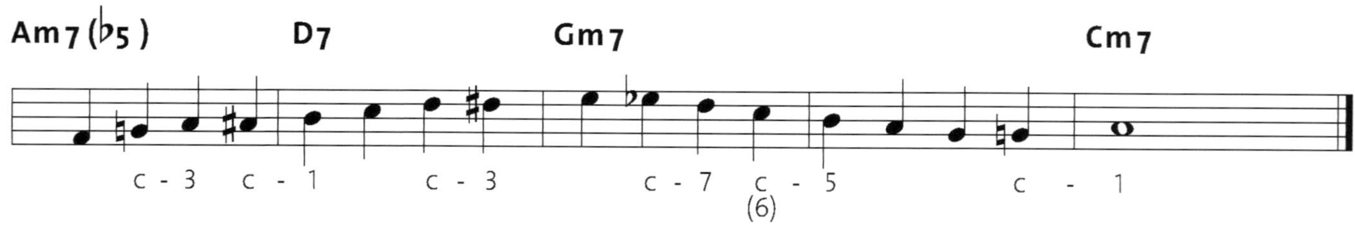

Als nächsten Schritt können wir uns Akkordtönen auch doppelt-chromatisch (über zwei
Halbtonschritte) nähern.

Titel 27

Doppelt-chromatische Anspielung von Akkordtönen

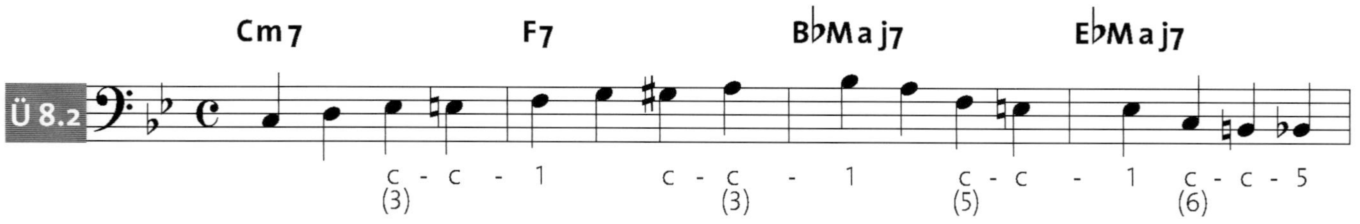

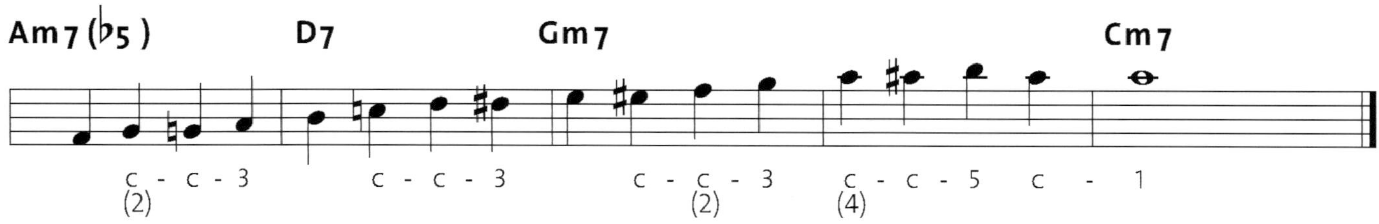

In **Ü8.1** und **Ü8.2** haben wir uns durch die Verwendung von akkord- und skalenfremden Tönen etwas ins „harmonische Niemandsland" begeben. Dazu eine Orientierungshilfe:

Regel: Die rhythmischen Schwerpunkte liegen im Swing auf den Zählzeiten zwei und vier. Die harmonisch wichtigen Zählzeiten sind eins und drei.

Nach dieser Regel bringt uns schon der zweite Takt (sowohl von **Ü8.1** als auch von **Ü8.2**) in Bedrängnis: Auf der harmonisch wichtigen Zählzeit drei erklingt ein G#(=Ab), welches die kleine 3 von F ist. Weil F7 aber eine große 3 enthält, verfälschen wir hier die Struktur des Akkords, und das auf einer harmonisch wichtigen Zählzeit! Ist das legitim?

Da wir auf der nächsten Zählzeit die kleine 3 in eine große 3 (nämlich A) auflösen und wir obendrein den Grundton des nächsten Akkords BbMaj7 ansteuern, wird sich an dieser Linie niemand stören.

Anders verhält es sich in langsamen Tempi und in Jazz-Balladen. Dort klingt jeder Ton besonders lang, und ein chromatischer Ton kann sehr hässlich klingen, auch wenn er zu einem Akkordton auf der nächsten Zählzeit führt.

Der gedankliche Ansatz, Akkordtöne über einen oder mehrere Töne chromatisch anzuspielen, ist beliebig erweiterbar. So könnte man sich zu Übungszwecken zum Ziel setzen, möglichst viele Akkordtöne dreifach-chromatisch anzuspielen. Da jedoch bei längeren chromatischen Linien zwangsläufig Skalentöne und auch Akkordtöne in der Linie enthalten sind, erscheint mir der theoretische Aufwand hierfür höher, als es der Nutzen rechtfertigt.

Ü8.3 entspricht **Ü8.2**, nur dass ich die Linie diesmal unter dem Aspekt möglichst langer chromatischer Abschnitte untersucht habe.

Titel 28

Mehrfach-chromatische Anspielung von Akkordtönen

Bei Bedarf kann man auch Skalentöne chromatisch anspielen. Im Gegensatz zu Akkordtönen sollten Skalentöne jedoch nicht als Zieltöne angesehen werden, da Skalentöne die Akkordstruktur nicht definieren. Wie wir bisher Skalentöne als Durchgangstöne benutzt haben, so verwenden wir jetzt die chromatische Anspielung eines Skalentons als zusätzlichen Durchgangston. Dies ist ein sehr theoretischer Ansatz, deshalb möchte ich betonen, dass es sich bei **Ü8.4** um eine Übung und nicht um eine besonders schöne Basslinie handelt.

Titel 29 

Chromatische Anspielung von Skalentönen

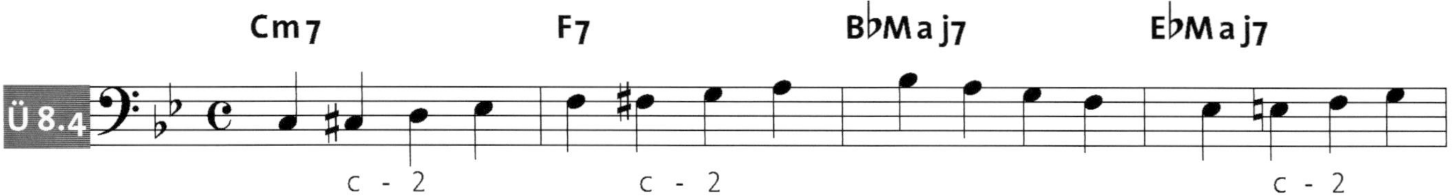

Die Verwendung von chromatischen Tönen theoretisch erklären zu wollen, ist sehr mühselig. Tatsächlich kann man alle Töne, also auch die vermeintlich falschen, im Walking Bass benutzen, wenn sie...

1) ...die Linie unterstützen (indem sie die Linie besser „fließen" lassen und/oder einen Zielton anspielen),

2) ...dem eigenen Geschmack entsprechen,

3) ...keine Ohrenschmerzen bei den Mitmusikern verursachen.

Die Kunst bei der Verwendung chromatischer Töne ist, sie in die Walking Bass-Linie so zu integrieren, dass sie vom Zuhörer nicht als falsch empfunden werden. Das erreicht man am besten, wenn man absolut sicher im Umgang mit Akkordtönen und Skalentönen ist, um lediglich dann chromatische Töne einzufügen, wenn die Linie dadurch „runder" klingt oder es vielleicht gerade gut in den eigenen Fingersatz passt.

Welchen theoretischen Ansatz man auch verfolgt, wichtig ist, den eigenen Linien zuzuhören, um letztlich den eigenen Geschmack entscheiden zu lassen.

Ü8.5 ist ein Walking Bass-Beispiel über einen Jazz-Blues, wobei ich nach eigenem Geschmack chromatische Töne eingebunden habe. Es sind nur die Töne markiert, die weder im Akkord noch in der Skala enthalten sind. Den Dominant-7-Akkorden ordne ich eine mixolydische und Gm7 eine dorische Skala zu.

Da die Akkordtöne von Bo7 identisch sind mit Bb7 (mit Ausnahme des Grundtons, siehe Text zu **Ü4.4**), bleibt für den Akkord Bo7 einfach die Skala Bb7 mixolydisch, wobei wir aber den Grundton Bb durch B ersetzen (oder kompliziert gedacht: Von B aus betrachtet erhalten wir dann die Skala HM7, also die Skala, die auf der VII. Stufe von Harmonisch Moll entsteht).

Titel 30

Hinweis: Eine weitere Skala für den Akkord „o7", allerdings eher zum Solo-Spiel geeignet, findet sich unter „Anhang: Skalen und ihre Akkorde" (*S. 101 - 103*), und unter „Anhang: Melodie-themen" (*S. 108*) gibt es Hintergrundwissen zur Entstehung des vollverminderten Akkords im Jazz-Blues.

Jazz-Blues in F-Dur – *Chromatik*

Ein weiteres Beispiel für die Verwendung chromatischer Töne zeigt **Ü8.6** an „Olé". Im A-Teil
(=die zwei ersten und zwei letzten Zeilen) wechseln die Akkorde so schnell, dass es sich kaum
lohnt, jedem eine einzelne Skala zuzuordnen. Vielmehr denkt man hier großzügig im Bereich
von Bb-Dur unter Berücksichtigung der jeweiligen Akkordtöne. Die vier Dominant-7-Akkorde
im B-Teil sind jeweils mixolydisch.

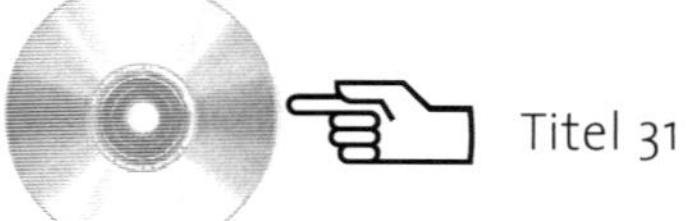

Titel 31

Olé – *Chromatik*

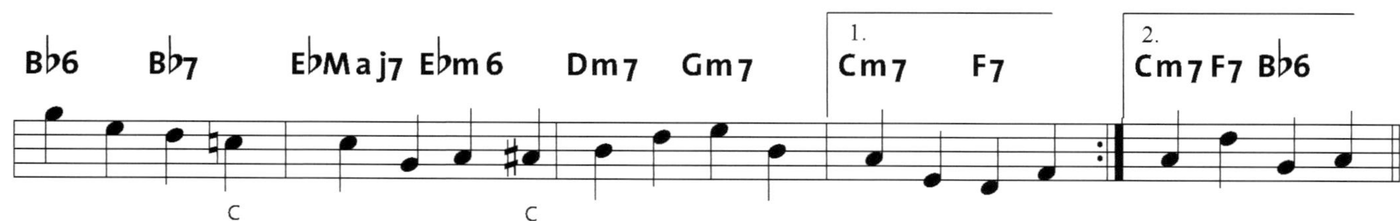

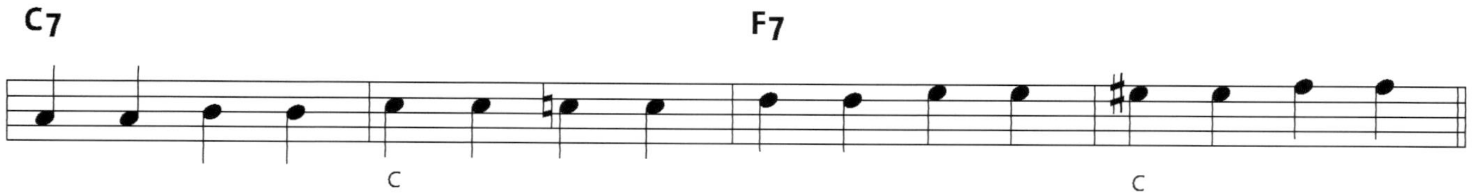

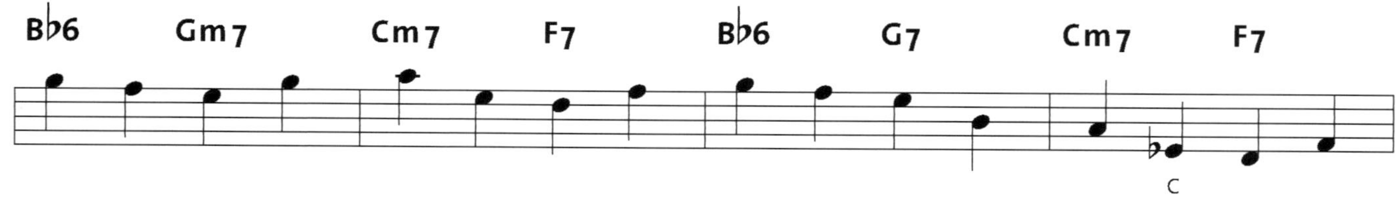

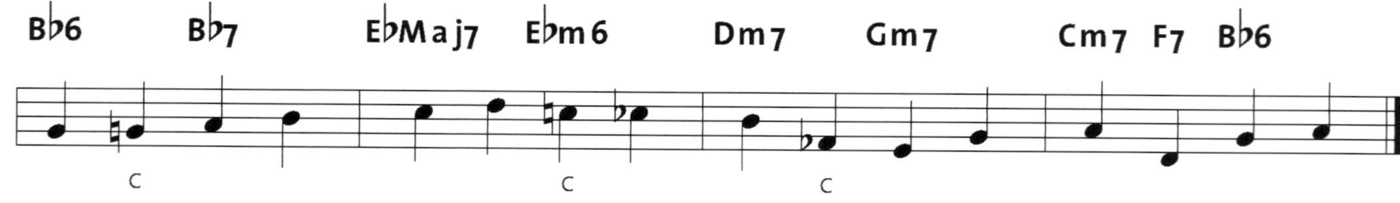

Die Denkansätze zum Walking Bass-Spiel sind ihrer Wichtigkeit nach: Akkordtöne, Skalentöne, **KAPITEL 9**
chromatische Töne. Nachdem wir diese kennengelernt haben, nehmen wir nun Unterricht bei
einigen großen Jazz-Bassisten:

Ü9.1 ist eine leicht vereinfachte Akkordfolge von „Autumn Trees", die dem Jazz-Standard
„Autumn Leaves" entspricht. Die Walking Bass-Linie ist dem Stil von **Sam Jones** nachempfun-
den, der den Bass für die legendäre „Autumn Leaves"-Version von Cannonball Adderley ein-
spielte (erschienen auf dem Album „Somethin' Else" von 1958). Charakteristisch ist, dass das
Thema des Stücks (der erste Durchgang) mit halben Noten begleitet wird. Zu Beginn des
Solos (zweiter Durchgang) geht der Bass dann sanft in die Begleitung mit durchgehenden
Viertelnoten über.

Nimm zur Kenntnis, dass jeder Akkordwechsel mit dem Grundton begonnen wird, ohne
dass dies in irgendeiner Weise „primitiv" oder langweilig klingen würde. Beachte auch die
sorgsame Verwendung von chromatischen Tönen, die nur dazu dienen, an den entsprechenden Stellen die Basslinie besser „fließen" zu lassen.

Titel 32 

SAM JONES, geboren am 12. November 1924, gilt als einer der Bass-Pioniere im Jazz. Gefragt war **SAM JONES**
der Bruder des Pianisten HANK JONES und des Schlagzeugers ELVIN JONES als Kontrabassist und E-
Bassist der Hard- und Post-Bop-Ära vor allem in den 50er und 60er Jahren. So spielte er u.a. für
THELONIOUS MONK, DIZZY GILLESPIE, KENNY DORHAM und CANNONBALL ADDERLEY. Zwischen 1966
und 1970 ersetzte er RAY BROWN im OSCAR PETERSON TRIO, um fortan als Studio- und Live-Bassist
für verschiedenste Jazz-Formationen zu arbeiten. Sam Jones brillierte aber auch als Jazzsolist am
Cello sowie auf seinen Soloalben East Wind, Xanadu, Muse, Inner City, Steeple Chase, Interplay
und Sea Breeze.

Autumn Trees *im Stile von Sam Jones*

Cm7
F7
BbMaj7
EbMaj7
Am7(b5)
D7
Gm7
Cm7
F7
BbMaj7
EbMaj7
Am7(b5)
D7
Gm7
D7
Gm7
Cm7
F7
BbMaj7
Am7(b5)
D7
Gm7
Am7(b5)
D7
Gm7
G7

Eine Besonderheit stellen manche modalen (=skalen-orientierten) Jazz-Standards dar. Sie enthalten oftmals Passagen, die aus einem einzigen Akkord bestehen. Was auf den ersten Blick leicht aussieht, erkennt man erst dann als schwierig, wenn man merkt, dass einem schon nach wenigen Takten die Ideen ausgehen...

„What's Up" gehört zum modalen Jazz. Das Thema (siehe Anhang) legt durch das Vorkommen der großen 6 nahe, die Akkorde Dm7 und Ebm7 als dorisch zu betrachten, da dorisch einer Moll-Tonleiter mit großer 6 entspricht.

Die Akkordfolge von **Ü9.2** entspricht den Harmonien des Miles Davis-Klassikers „So What", dem wohl bekanntesten modalen Jazz-Thema. Bei der Originalaufnahme bediente **Paul Chambers** den Bass. Die Walking Bass-Linie in „What's Up" ist seinem Stil nachempfunden. Die chromatischen Töne habe ich markiert, um ersichtlich zu machen, wieviel skaleneigene und wieviel skalenfremde Töne verwendet werden. Die Grundtöne habe ich gekennzeichnet, um zu zeigen, wie fast jeder zweite Takt wieder auf den Grundton zurückkommt. Damit wird unmissverständlich klargemacht, dass wir uns in D- (bzw. Eb-) Dorisch befinden, denn das gleiche Tonmaterial könnte sonst auch von allen anderen Kirchentonleitern aus C- (bzw. Db-) Dur stammen.

Eine interessante Auflockerung der typischen Aneinanderreihung von Viertelnoten stellen die letzten acht Takte dar, in denen ein zweitaktiges Motiv mehrfach wiederholt wird.

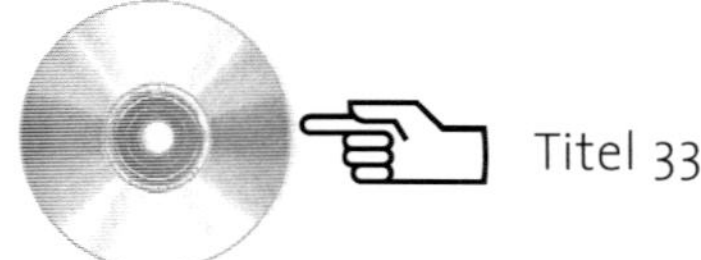 Titel 33

PAUL CHAMBERS

Paul Chambers, geboren als Paul Laurence Dunbar Chambers Jr. am 22. April 1935 in Pittsburgh, Pennsylvania, U.S.A., lernt bereits als Kind Baritonhorn und Tuba. Mit 14 Jahren zieht er mit seinen Eltern und Geschwistern in die Autostadt Detroit. Dort lernt er Kontrabass und spielt schon bald mit den ortsansässigen Musikern Thad Jones, Kenny Burrell oder Yusef Lateef. 1955 zieht es ihn nach New York, wo er in allen wichtigen Jazz Clubs der Stadt auftritt. Dort trifft er noch im selben Jahr Miles Davis, der ihn als Bassist in sein gefeiertes Miles Davis Quintet aufnimmt. Bis 1963 sollte er Mitglied in diesem Quintett bleiben. Auf Grund seiner handfesten Walking-Bass-Linien im Be Bop-Stil ist er nebenher immer wieder bei Aufnahmen anderer Jazzgrößen wie John Coltrane, Cannonball Adderley, Sonny Rollins, Lee Morgan, Bud Powell und Kenny Dorham als Studiobassist gefragt. In den Jahren 1964/65 spielt er u.a. Schallplatten mit Wes Montgomery ein. Am 4. Januar 1969 verstirbt er viel zu früh im Alter von 34 Jahren in New York.

What's Up *im Stile von Paul Chambers*

KAPITEL 10 Bislang haben wir bei Akkordwechseln immer den Grundton gespielt (Ausnahme: **Ü4.1**).
Aus den in Kapitel 4 beschriebenen Gründen ist das auch sinnvoll, aber eben nicht zwingend.
Da das Walking Bass-Spiel eine ständige (begleitende) Improvisation darstellt, obliegt es
dem Bassisten, welche Töne er spielen und wo er in seinen Linien Grundtöne platzieren will.
Möglich ist alles, was die harmonische Struktur eines Stücks nicht zerstört und das
Zusammenspiel der Band nicht gefährdet.

Eine gebräuchliche Walking Bass-Linie für die ersten Takte von „Giant's Taps" stellt **Ü10.1** dar:
Indem man jeden zweiten Akkord mit der 5 beginnt, erhält man über mehrere Takte eine
Linie, die in Ganzton-Schritten absteigt.

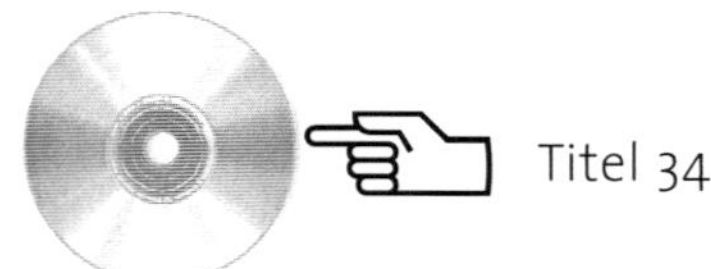

Titel 34

Um die Tonwiederholungen in **Ü10.1** zu vermeiden, kann man die Akkordtöne auch wie in
Ü10.2 chromatisch verbinden.

Titel 35

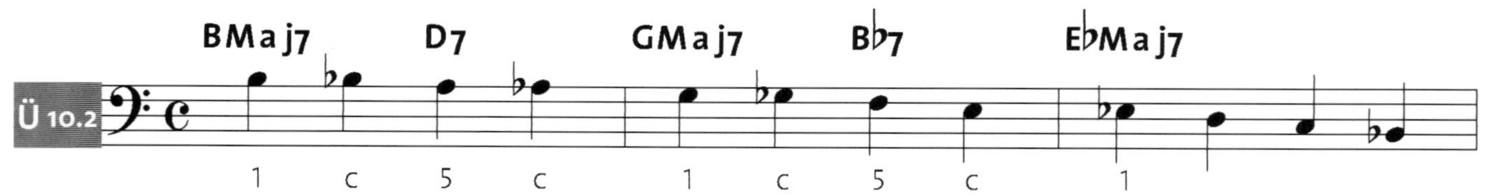

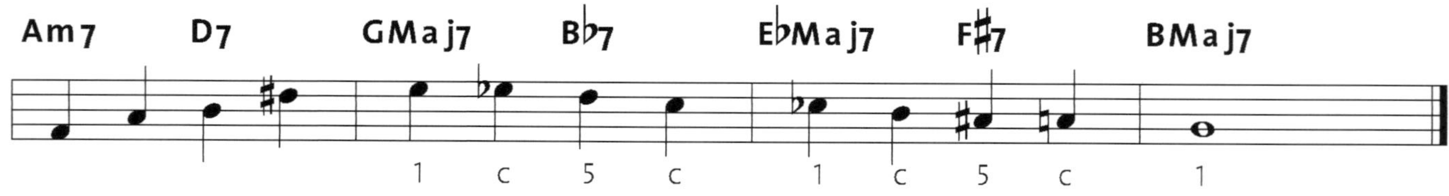

Sowohl „Olé" als auch der Sonny Rollins-Standard „Oleo" greifen auf die Akkorde der berühmten „Rhythm Changes" zurück (*vgl. S. 14*). Bassist von Sonny Rollins war **Percy Heath**, dessen Spielweise ich in **Ü10.3** nachempfunden habe. Gekennzeichnet sind Akkordwechsel, die nicht mit dem Grundton begonnen werden. Allerdings sollte diese Analyse nicht überbewertet werden, da Heath vermutlich nicht die Absicht gehabt hätte, jeden Akkord einzeln zu betrachten. Vielmehr sind die A-Teile (=die ersten 16 und die letzten 8 Takte) in einen großen Zusammenhang von Bb-Dur zu stellen (*siehe Kapitel 7*: „Skalen-Denken für harmonische Bereiche" und *Kapitel 8*: Text zu **Ü8.6**).

PERCY HEATH, geboren am 30. April 1923 in Wilmington, North Carolina, U.S.A., zählt zu den größten Bass-Virtuosen des Jazz. Als Mitglied des legendären MODERN JAZZ QUARTET hat er über 40 Jahre lang das Jazz-Bassspiel geprägt. Am 28. April 2005 verstirbt er im Alter von 82 Jahren in New York.

PERCY HEATH

Titel 36

Olé *im Stile von Percy Heath*

Dan Berglund hat sich vor allem als Bassist des „Esbjörn Svensson Trios" einen Namen gemacht. In **Ü10.4** habe ich in seinem Stil eine Basslinie über „Buddy Walked In" notiert.

Wie im Beispiel zuvor sind Akkordwechsel markiert, die nicht mit dem Grundton begonnen werden. Wer die Basslinie an diesen Stellen mit dem Thema (siehe Anhang) vergleicht, wird feststellen, dass hier vornehmlich Töne aus dem Thema zitiert werden.

Für die Akkorde Fm-Fm(maj7) habe ich in der Analyse die Tonleiter F-Melodisch Moll zugrunde gelegt. Melodisch Moll wird „MM" abgekürzt und entspricht einer natürlichen Moll-Tonleiter, bei welcher der 6. und der 7. Ton um einen Halbton erhöht sind. Anders betrachtet entspricht Melodisch Moll einer Dur-Tonleiter mit kleiner 3.

In manchen Takten habe ich Ziffern eingeklammert, weil man an diesen Stellen nicht nur wie notiert halbtaktig in Bb7 und Eb7, sondern auch ganztaktig in Bb7 denken kann.

Melodisch Moll (MM)

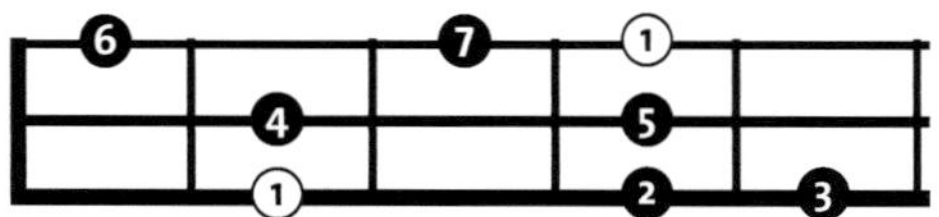

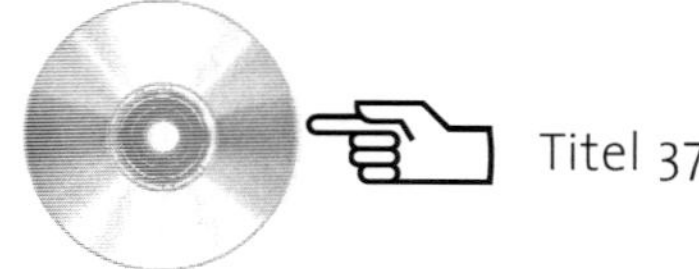 Titel 37

DAN BERGLUND

Dan Berglund gehört zu den innovativsten Jazz-Bassisten des beginnenden 21. Jahrhunderts. Als Mitglied des schwedischen Esbjörn Svensson Trios, einem der weltweit aufregendsten Jazz Trios, prägt er mit seinen Hendrix-ähnlichen Basssounds das Fundament dieses zwischen den Musikwelten wandernden Trios. „Keine andere Gruppe" - so die Times - „interagiert zwischen den Dance-Grooves des 21. Jahrhunderts und der akustischen Jazz-Piano Tradition" wie die drei Schweden Esbjörn Svensson (piano), Dan Berglund (bass) und Magnus Öström (drums).

Buddy Walked In *im Stile von Dan Berglund*

  TIPPS ZUM ERARBEITEN NEUER STÜCKE

An diesem Punkt des Buches solltest Du in der Lage sein, Jazz-Harmonien zu analysieren, eigene Walking Bass-Linien aufzuschreiben oder spontan zu improvisieren sowie fremde Linien zu interpretieren. Wenn dies nicht gleich gelingt, schlage ich vor, folgende Übungen aus diesem Buch auf das entsprechende Stück zu übertragen:

Ü1.2 Grundton und 5
Ü3.3 Arpeggios auf- und abwärts
Ü4.1 Nächstgelegene Akkordtöne
Ü7.1 Harmonische Analyse, Finden passender Skalen

Kombiniere dann Akkord- und Skalentöne und verwende als letzte Zutat chromatische Töne. Solltest Du einem Stück immer noch ratlos gegenüberstehen, versuche, Dir Aufnahmen davon zu besorgen. Höre sie an! Schreibe einige Durchgänge des Walking Bass' auf Notenpapier und analysiere, was der Bassist auf dieser Aufnahme spielt.

OPTIONSTÖNE

Ein Gebiet, welches in diesem Buch fast gar nicht behandelt wird, aber dennoch Beachtung finden muss, sind Optionstöne: Akkordsymbole geben oftmals in Klammern an, welche zusätzlichen Töne ein Akkord enthält und lassen dadurch auch Rückschlüsse auf passende Skalen zu. Im Folgenden eine Übersicht am Beispiel von Grundton C:

C D E F G A B C **D** E F G **A**
1   3   5   7   **9**   **11**   **13**
|___ Akkordtöne ___| |__ **Optionstöne** __|

Optionstöne werden wie weitere Akkordtöne jeweils im Abstand einer 3 auf den Akkord „aufgesetzt" und nummeriert. Eine 9 entspricht de facto einer 2, eine 11 einer 4 und eine 13 einer 6. Optionstöne entsprechen also den Skalentönen und sind somit in unserem Walking Bass-Vokabular bereits enthalten.

Bei Optionstönen gibt es folgende Erniedrigungen und Erhöhungen:

C D E F G A B C **Db** **D#** E **F#** G **Ab**
1   3   5   7   b9   #9   #11   b13
|___ Akkordtöne ___| |__ **alterierte Optionen** __|

Die alterierten (=veränderten) Optionstöne b9, #9, #11 und b13 ergeben sich oftmals aus Zusammenhängen mit den Skalen von Melodisch Moll. Wenn einem Akkordsymbole mit alterierten Optionstönen begegnen, kann man im Walking Bass einfach die „normalen" Akkordtöne verwenden. Spielt man dann noch Akkordtöne über chromatische Töne an, benutzt man oft automatisch (wenn auch unwissentlich) alterierte Optionstöne.

MELODISCH MOLL

In diesem Buch werden zwar die Grundlagen, aber nicht alle Aspekte der Jazz-Harmonik besprochen. Besonders mit Blick auf das Solo-Spiel ist es empfehlenswert, sich mit den Skalen von Melodisch Moll sowie deren Anwendung auseinanderzusetzen (dies würde ohne Zweifel ein weiteres Buch füllen; entsprechende Literatur ist im Handel erhältlich). Als Faustregel lässt sich hier kurz sagen:

- Im Jazz entspricht Melodisch Moll einer Moll-Tonleiter, bei welcher der 6. und der 7. Ton um einen Halbton erhöht sind. Oder einfacher ausgedrückt: Der einzige Unterschied zwischen Melodisch Moll (MM) und der Dur-Tonleiter besteht darin, dass MM eine kleine 3 enthält.

- Auf eine II-V-I-Verbindung in Moll kann man folgende Skalen anwenden:

II	V	I
MM6 (=Lokrisch #2)	**MM7 (=Alterierte Skala)**	**MM1 (=Melodisch Moll)**
m7(b5)	7alt	m(maj7)

In C-Moll heißen die dazugehörigen Akkorde also: Dm7(b5), G7alt, Cm(maj7).

INTERPRETATION UND NOTATION VON AKKORDSYMBOLEN

Mitunter hört man das Gerücht, dass das Akkordsymbol C9 nur ein Dreiklang mit zusätzlicher 9 wäre (also C9=C,E,G+D). In Wahrheit ist C9 aber eine kurze Schreibform für C7/9, deshalb also C9=C,E,G,Bb,D. Ebenso kann man den Akkord Cm7/9 mit Cm9 abkürzen (C13 schließt die 7 und die 9 mit ein, allerdings nicht die 11, weil diese mit der großen 3 im Akkord kollidieren würde). Wenn man wirklich nur einen Dreiklang mit einer Zusatznote notieren will, so benutzt man das englische Wort „add", also Cadd9=C,E,G+D, oder Cm7(add11)=C,Eb,G,Bb+F.

Manchmal werden Akkorde mit einer verminderten 5 (=b5) notiert, obwohl es sich vielmehr um eine übermäßige 4 (=#11) handelt. Da b5 und #11 derselbe Ton sind (in C-Dur gedacht: Gb und F#), halten es manche Pianisten und Gitarristen für einfacher, b5 anstelle von #11 zu notieren. In einigen Fällen kann das für den Bassisten zum Verhängnis werden: Bei einer Bass-linie, die nur aus Grundton und 5 besteht (typische Bossa Nova-Figur, oder Walking Bass wie in **Ü4.4**), wird bei dem Akkordsymbol C7(b5) der Bassist den Ton Gb spielen. Dies wird jedoch falsch klingen, wenn der Akkord in Wahrheit eine reine 5 enthält und der Pianist/Gitarrist auf sein Voicing die b5/#11 nur oben aufsetzt. Das korrekte Akkordsymbol wäre dann C7(#11). Solche Missverständnisse lassen sich durch eine kurze Rücksprache mit den Mitmusikern aus-räumen.

An dieser Stelle möchte ich auch auf missverständlich Akkordsymbole aufmerksam machen: C7+ schreiben manche, die mit „7+" eine große 7 (Maj7) bezeichnen wollen. Nicht wenige Musiker werden jedoch C7 lesen und das „+" als übermäßige 5 (#5) interpretieren.
    Ebenfalls problematisch ist das Weglassen der Klammern wie z.B. bei Eb9. Ist damit nun Eb(9) (=Eb7/9) oder E(b9) (=E7b9) gemeint?

CD PLAY-ALONG ÜBERSICHT

ANHANG

ANHANG   **KLEINES ENGLISCH-DEUTSCHES JAZZ-WÖRTERBUCH**
(nicht alphabetisch)

root	Grundton
minor second	kleine 2 (kleine Sekunde)
major second	große 2 (große Sekunde)
minor third	kleine 3 (Moll-Terz)
major third	große 3 (Dur-Terz)
fourth	4 (Quarte)
fifth	5 (Quinte)
sixth	6 (Sexte)
seventh	7 (Septime)
octave	Oktave
nineth	9 (None)
eleventh	11 (Undezime)
thirteenth	13 (Tredezime)
diminished	vermindert
half-/full-diminished	halb-/vollvermindert
augmented	übermäßig
triad	Dreiklang
seventh chord	Septakkord
scale	Skala
mode(s)	Kirchentonleiter(n)/Kirchentonart(en), Modus (Modi)
ionian	Ionisch
dorian	Dorisch
phrygian	Phrygisch
lydian	Lydisch
mixolydian	Mixolydisch
aeolian	Äolisch
locrian	Lokrisch
major	Dur
minor	Moll
harmonic minor	Harmonisch Moll
melodic minor	Melodisch Moll
melody	Thema
chorus	ein Durchgang/eine Solo-Form (wird im Deutschen manchmal verwendet als Synonym für ein Solo über mehrere Durchgänge)
lead sheet	Notenblatt mit Akkordsymbolen

AKKORDSYMBOL-SYNONYME

Die Akkordsymbol-Schrift ist nicht eindeutig festgelegt, folgende alternative Schreibweisen
sind gebräuchlich:

GRIFFBILDER

Die Griffbilder von Akkorden und Skalen können auf dem Bass beliebig verschoben werden und ändern sich nur, wenn man Leersaiten einbezieht. Zwar gibt es fast unendlich viele Griff-Alternativen, aber ich habe die gebräuchlichsten dargestellt.

Die Querstriche sind drei benachbarte Basssaiten, wobei der unterste Strich die tiefste Saite darstellt. Die Längsstriche symbolisieren die Halbtonabstände auf dem Griffbrett von Kontra-bass und „Fretless" E-Bass. Spieler von bundierten Bässen greifen natürlich nicht auf, sondern vor den Bundstäbchen. Die Ziffern bezeichnen die Stufen der jeweiligen Akkord- oder Skalen-töne.

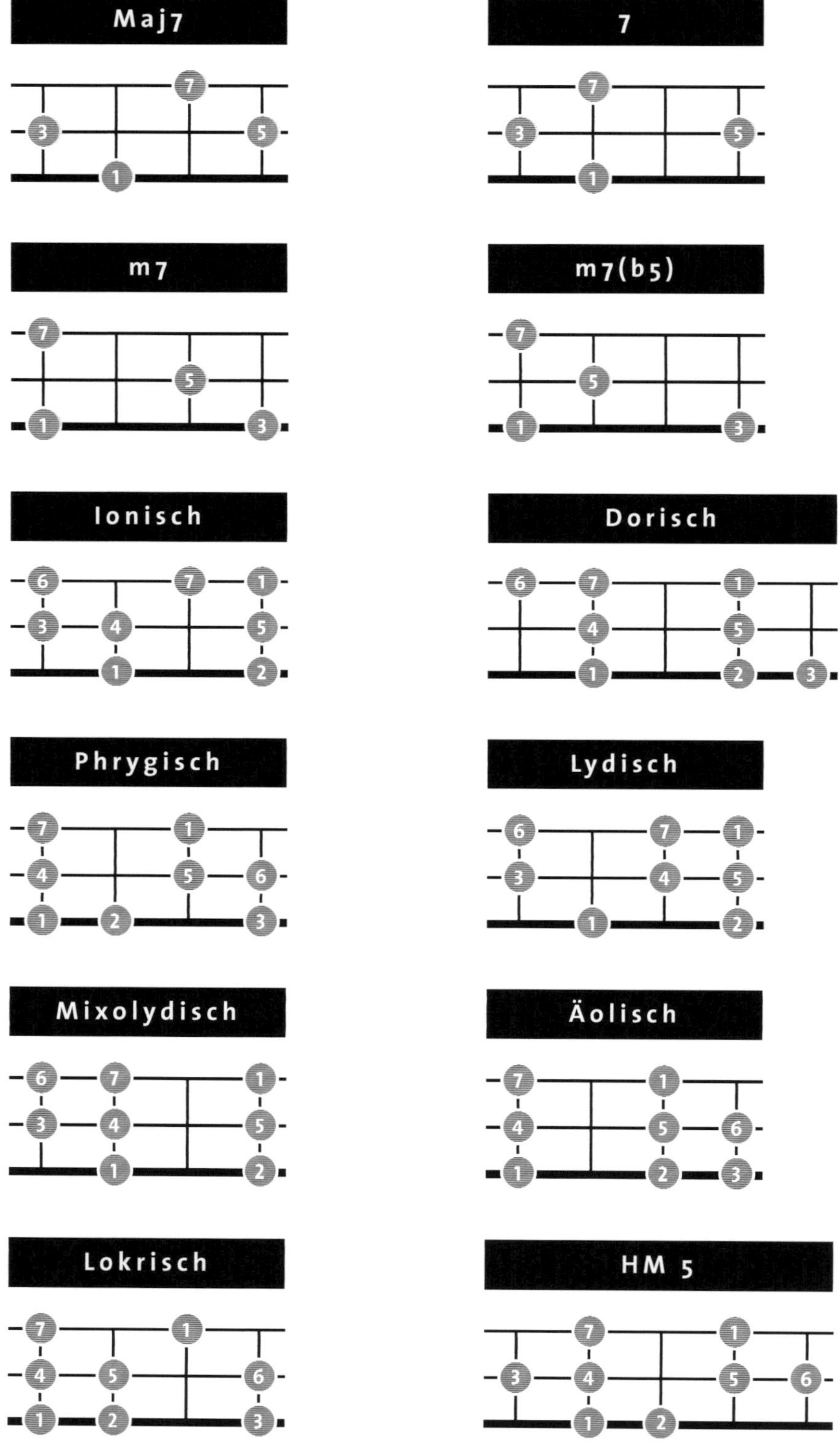

SKALEN UND IHRE AKKORDE

Die folgende Auflistung von Skalen und Akkorden auf Grundton C soll dazu dienen, die gängigsten Akkordsymbole zu entziffern. Zum jeweiligen Akkordsymbol sind die Akkordtöne angegeben und dahinter die Optionstöne, die eventuell hinter dem Akkordsymbol erscheinen.

Vor dem Akkordsymbol findet sich die Skala, aus der die Akkord- und Optionstöne abgeleitet sind. Somit ist es logisch, dass diese Skala zum betreffenden Akkord passt und verwendet werden kann.

Skalen und ihre Akkorde – *auf Grundton C*

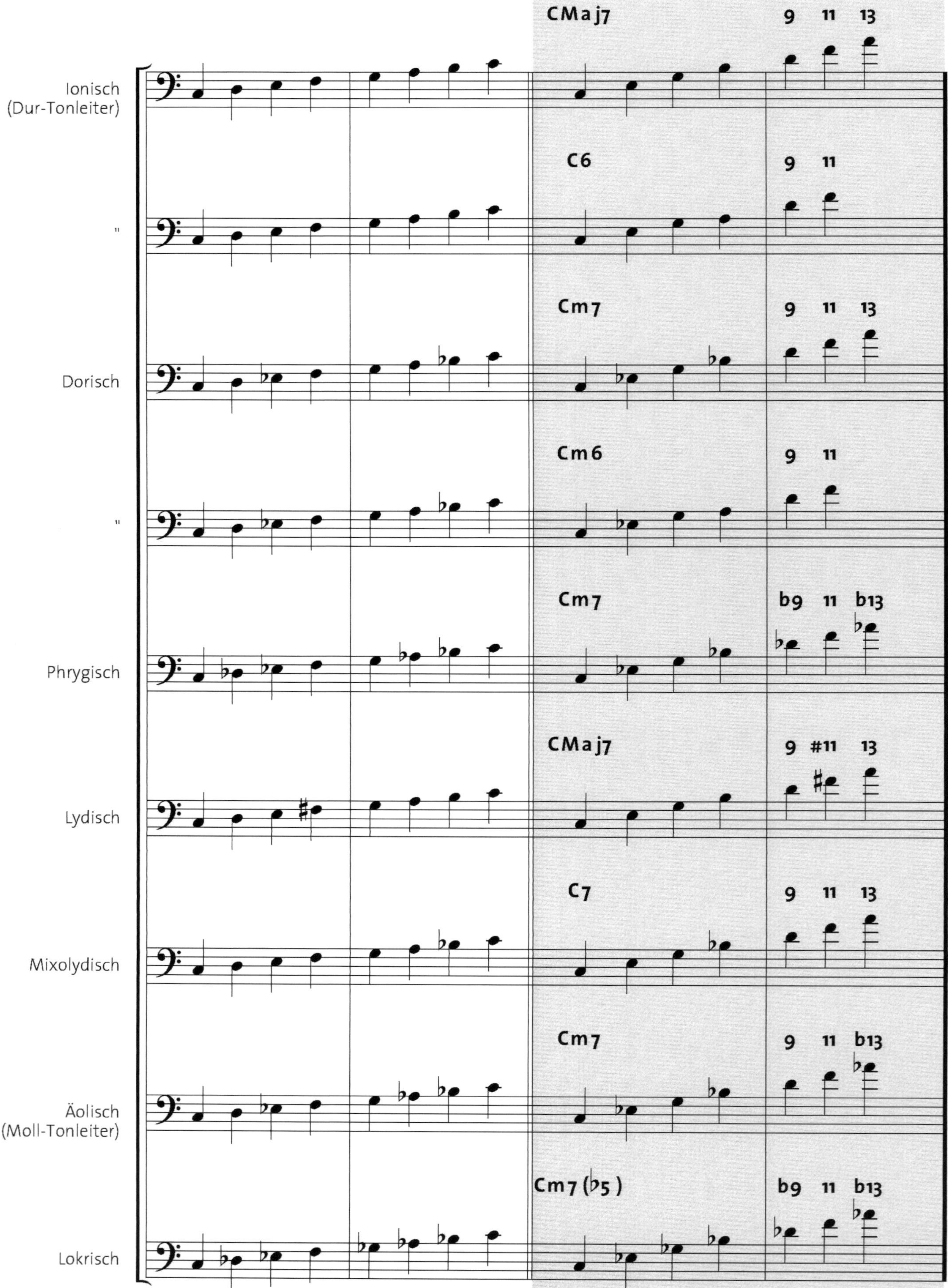

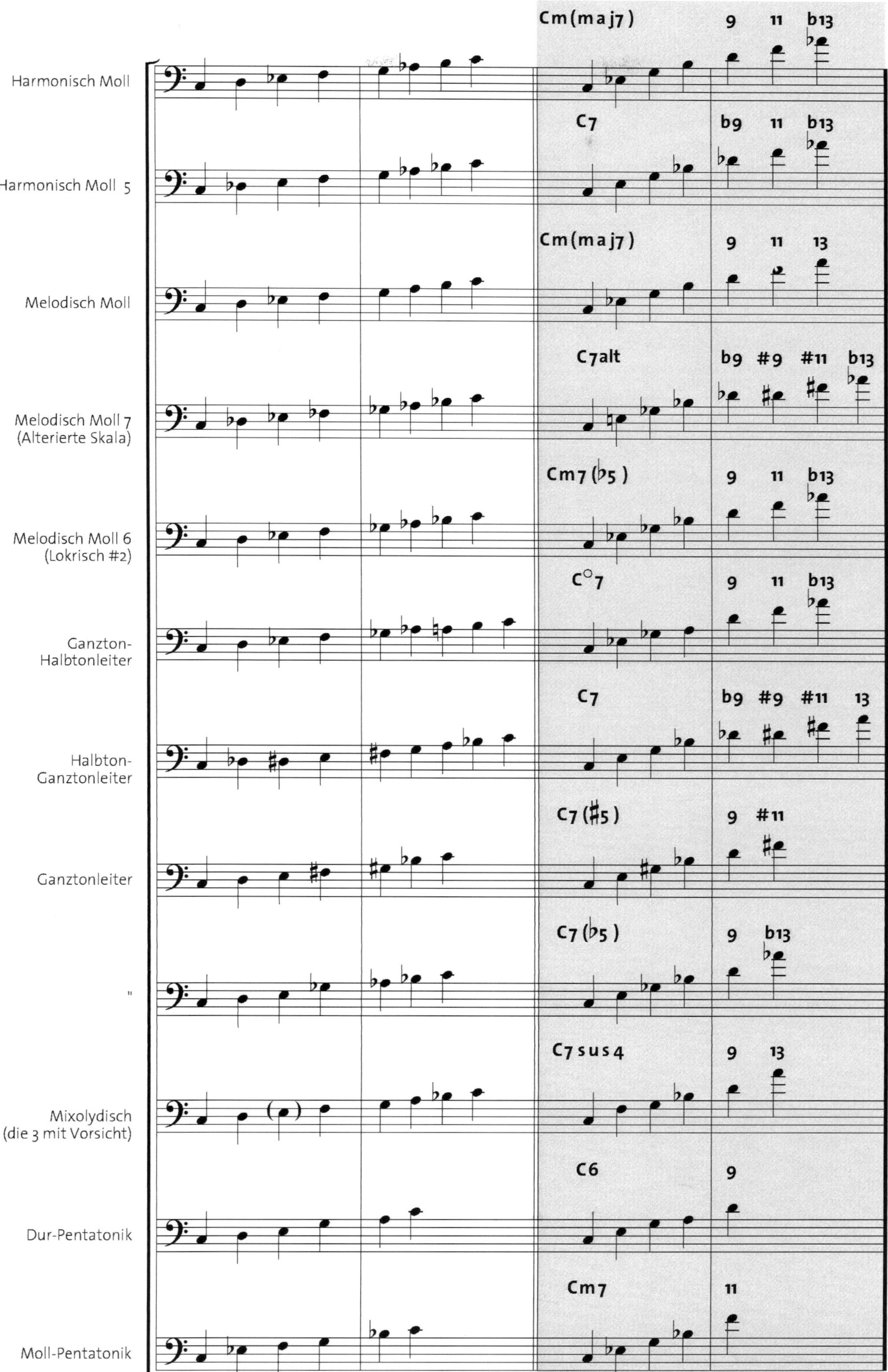

Harmonisch Moll
Harmonisch Moll 5
Melodisch Moll
Melodisch Moll 7 (Alterierte Skala)
Melodisch Moll 6 (Lokrisch #2)
Ganzton-Halbtonleiter
Halbton-Ganztonleiter
Ganztonleiter
Mixolydisch (die 3 mit Vorsicht)
Dur-Pentatonik
Moll-Pentatonik
Cm(maj7)   9   11   b13
C7   b9   11   b13
Cm(maj7)   9   11   13
C7alt   b9   #9   #11   b13
Cm7(b5)   9   11   b13
C°7   9   11   b13
C7   b9   #9   #11   13
C7(#5)   9   #11
C7(b5)   9   b13
C7sus4   9   13
C6   9
Cm7   11

Autumn Trees

Olé

Bb6   Gm7   Cm7   F7   Bb6   G7   Cm7   F7
Bb6   Bb7   EbMaj7   Ebm6   Dm7   Gm7   1. Cm7   F7   2. Cm7   F7   Bb6
D7   G7
instrumental fill
C7   F7
Bb6   Gm7   Cm7   F7   Bb6   G7   Cm7   F7
Bb6   Bb7   EbMaj7   Ebm6   Dm7   Gm7   Cm7   F7   Bb6

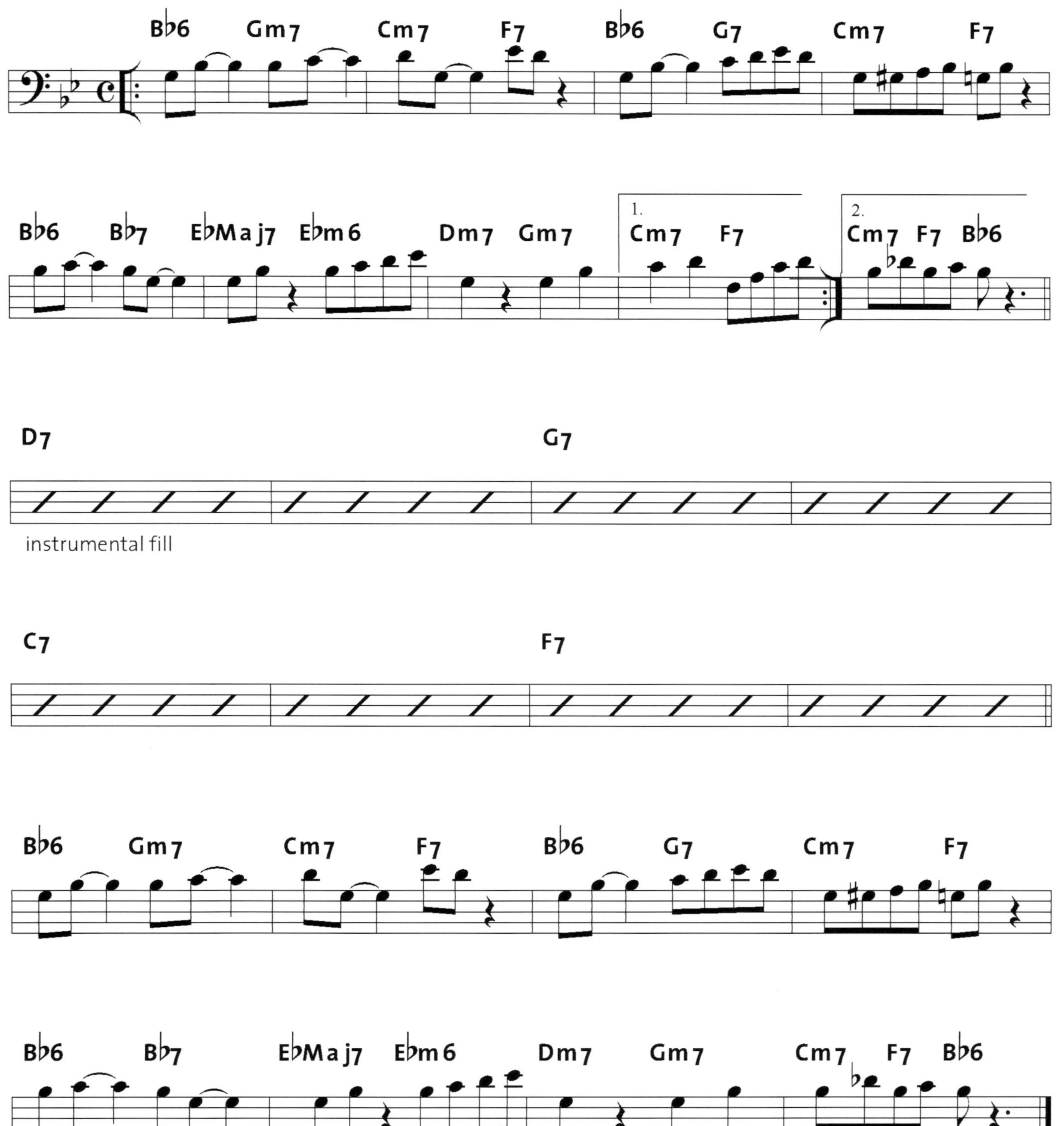

Nasrid

Em7
FMaj7
B7
CMaj7
Am7
FMaj7
EMaj7
Em7
1.
2.
Am7
FMaj7
Am7
FMaj7
Dm7
G7
CMaj7
FMaj7
Em7
FMaj7
B7
CMaj7
Am7
FMaj7
EMaj7
Em7

Alice in Disneyland

Jazz-Blues in F-Dur

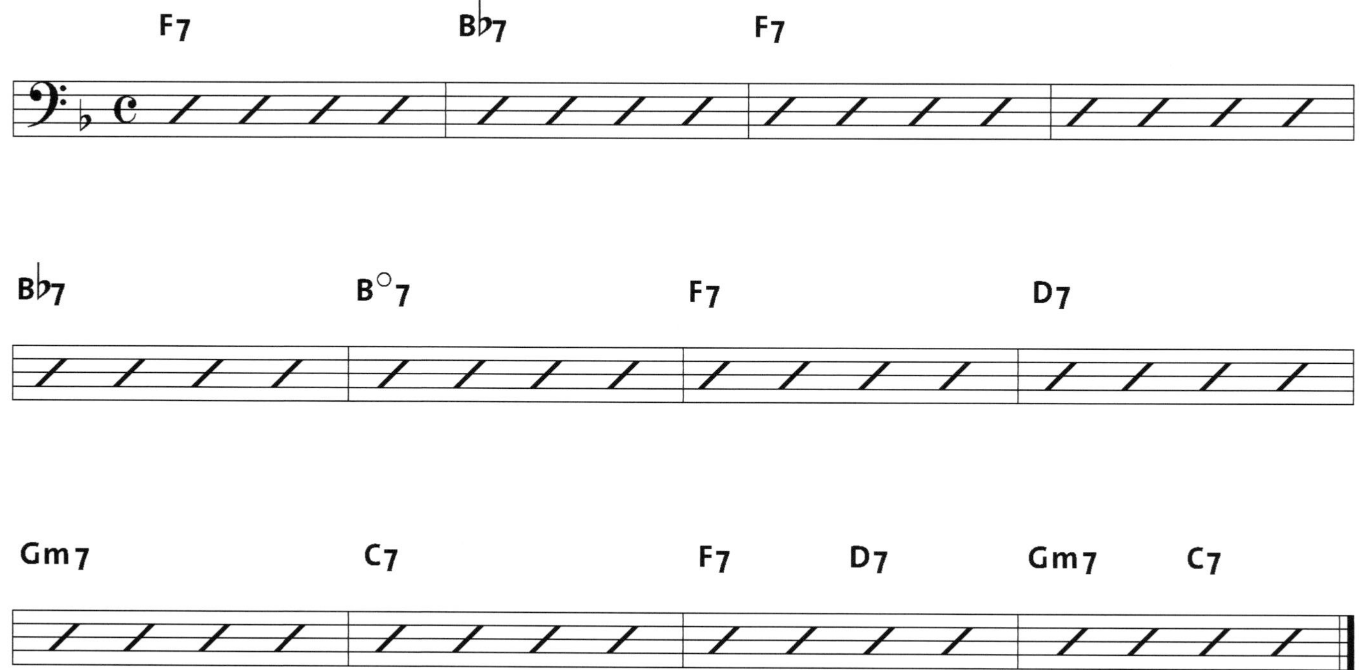

Hinweis: Grund für den Akkord B07 ist eine chromatische Linie im Bass, die entsteht, wenn man den folgenden Takt als „F7/C" spielt (mehr zum Thema „Slash"-Akkorde *siehe S. 64*, **Ü6.6**). Die Basstöne der Akkorde in den Takten 5 bis 7 lauten dann: Bb, B, C. Wenn man den 4. Takt in „F7/A" ändert, erhält man eine noch längere chromatische Bass-Bewegung: A, Bb, B, C.

Für dieses Buch habe ich auf diese „Extras" verzichtet, weil ich anhand von B07 einfach nur den (voll-)verminderten Akkord vorstellen will.

Tune Down

Giant's Taps

BMaj7   D7   GMaj7   Bb7   EbMaj7   Am7   D7

GMaj7   Bb7   EbMaj7   F#7   BMaj7   Fm7   Bb7

EbMaj7   Am7   D7   GMaj7   C#m7   F#7

BMaj7   Fm7   Bb7   EbMaj7   C#m7   F#7

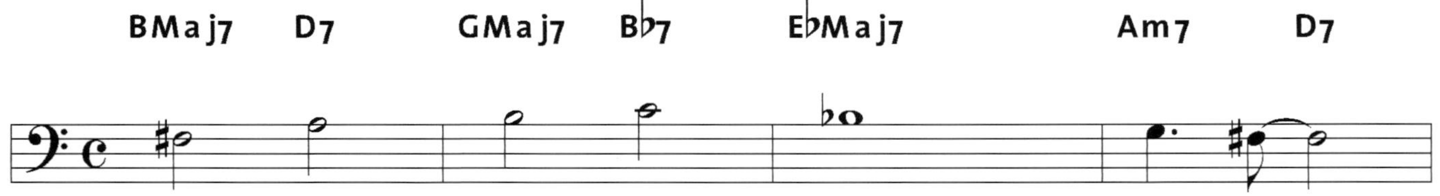

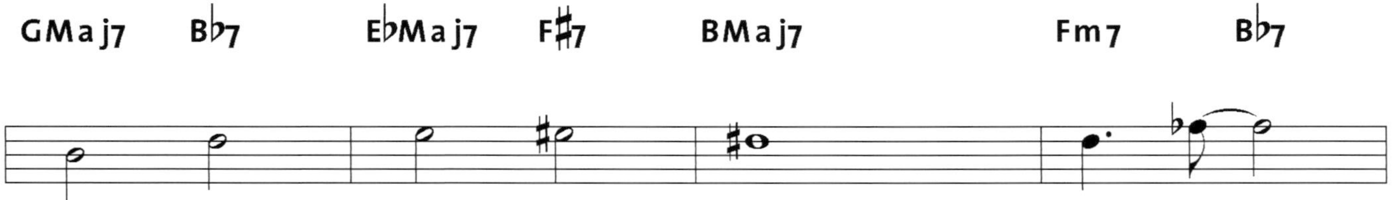

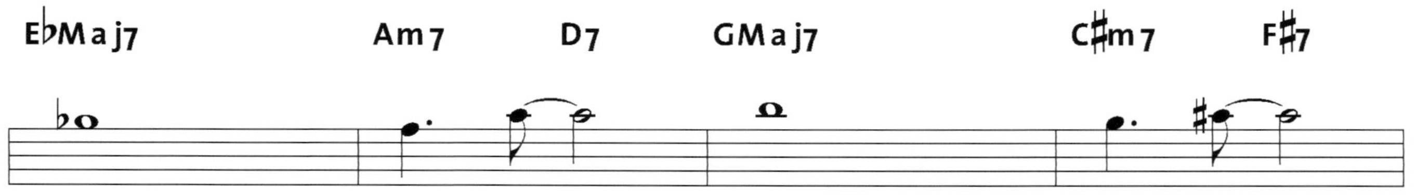

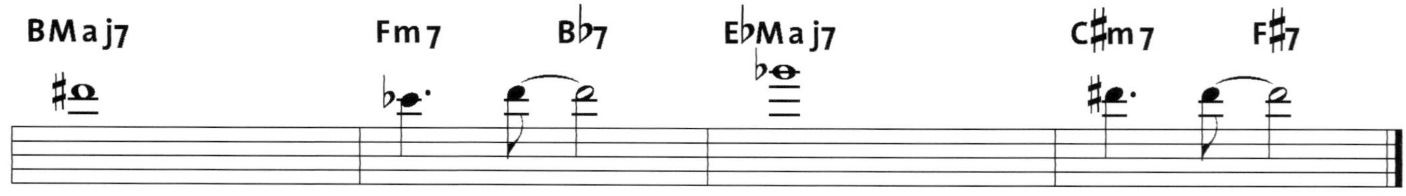

Afternoon in Pisa

What's Up

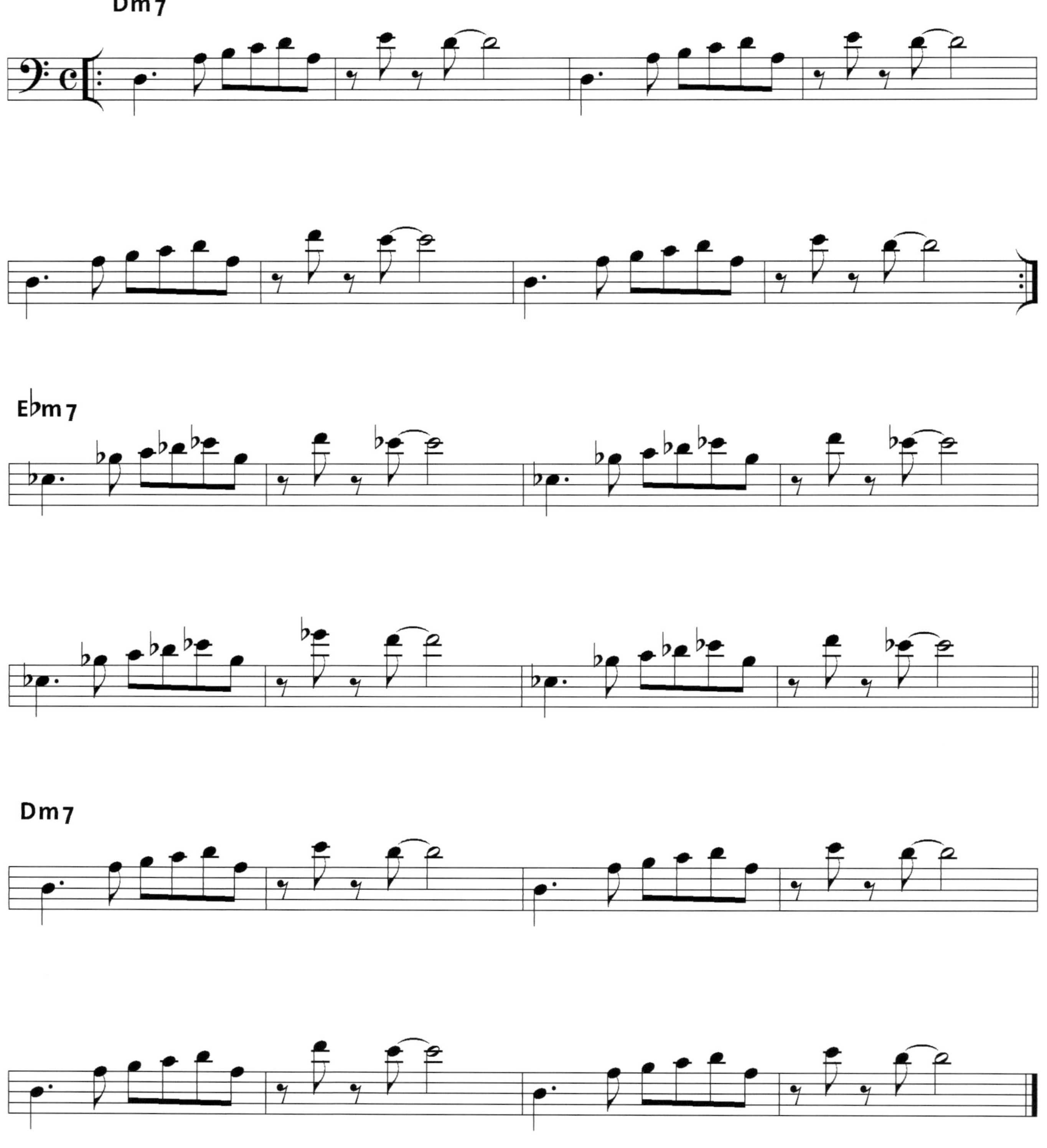

Buddy Walked In

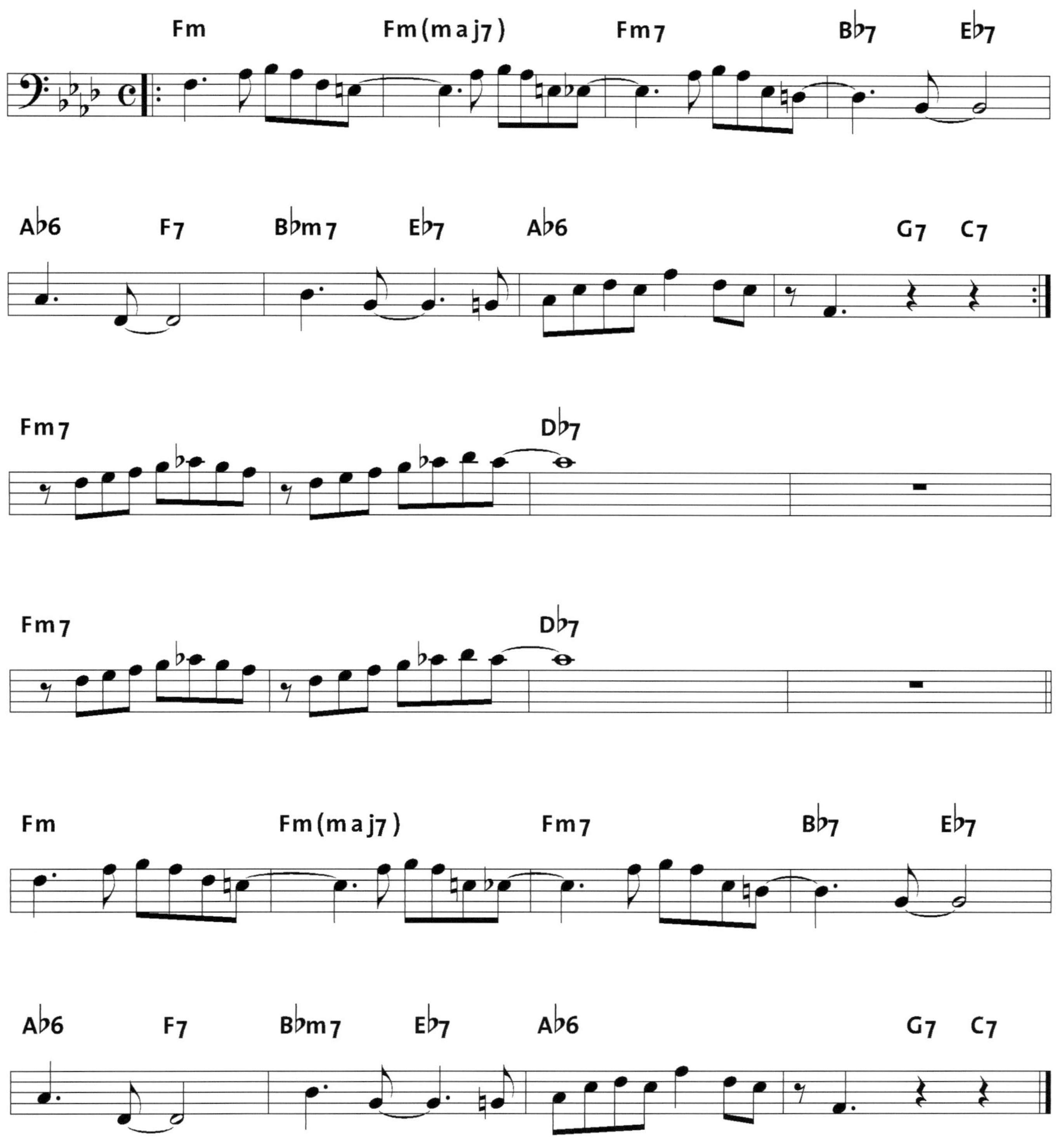

DRILL-
ÜBUNGEN

D1.1

Hier sollen ausschließlich Dreiklänge geübt werden, und zwar in Dur und Moll (m):

1) Spiele ohne Unterbrechung (zu Beginn langsames Tempo wählen!) alle Dreiklänge nach dem Schema 1-3-5-3 (siehe **Ü2.1**)

2) Spiele das Schema 1-3-5-1 (siehe **Ü2.2**)

3) Spiele nur 1-3-5

4) 1-3-5-3 ohne Leersaiten zu benutzen

5) 1-3-5-1 ohne Leersaiten

6) 1-3-5 ohne Leersaiten

D1.2

fügt die zwei übrigen Dreiklänge hinzu: vermindert („dim" bzw. „o") und übermäßig („aug" bzw. „+").

Außerdem gibt es einige optische Schikanen: Akkordsymbol-Synonyme (siehe dazu „Anhang: Akkordsymbol-Synonyme") und enharmonische Verwechslungen, d.h. ich habe häufig vorkommende Dreiklänge wie z.B. Db durch selten vorkommende aber absolut identische wie z.B. C# ersetzt.

Es gilt wieder die Übungs-Reihenfolge:

1) 1-3-5-3

2) 1-3-5-1

3) 1-3-5

4) Alle vorigen Übungen ohne Leersaiten

D 1.1

| Dm | G | Cm | F |

| B♭m | E♭ | A♭m | D♭ |

| G♭m | B | Em | A |

| D | Gm | C | Fm |

| B♭ | E♭m | A♭ | D♭m |

| G♭ | Bm | E | Am |

| Dm | G | Cm | F |

| B♭m | E♭ | A♭m | C♯ |

| F♯m | B | Em | A |

| D | Gm | C | Fm |

| B♭ | E♭m | A♭ | C♯m |

| F♯ | Bm | E | Am |

D 1.2

| Dm | Gaug | C | Fdim |

| Bbm | Ebaug | Ab | Dbdim |

| Gbm | Baug | E | Adim |

| D | Gdim | Cm | Faug |

| Bb | Ebdim | Abm | Dbaug |

| Gb | Bdim | Em | Aaug |

| D° | Gm | C+ | F |

| Bb° | Ebm | Ab+ | C# |

| F#° | Bm | E+ | A |

| D+ | G | C° | Fm |

| Bbaug | Eb | Ab° | C#m |

| F#+ | B | Edim | Am |

D2.1

ist eine Drill-Übung für die vier wichtigsten Septakkorde: Maj7, m7, 7, m7(b5).
Und so wird „gedrillt":

1) Spiele ohne Unterbrechung (zu Beginn lieber etwas langsamer!) alle Septakkorde
   aufwärts (siehe **Ü3.1**)

2) Spiele alle Septakorde abwärts (siehe **Ü3.2**)

3) Wiederhole 1) und 2) ohne Leersaiten zu benutzen

4) Spiele abwechselnd die Akkorde aufwärts und abwärts, also Dm7(b5) aufwärts und G7
   abwärts... Bei der Wiederholung dann umgekehrt: Dm7(b5) abwärts und G7 aufwärts!

5) Spiele eine auf- und absteigende Linie über die jeweils nächstgelegenen Akkordtöne
   (siehe **Ü4.1**)

D2.2

ist identisch mit **D2.1**, diesmal aber wieder mit kleinen optischen Schikanen versehen (Akkordsymbol-Synonyme, enharmonische Verwechslungen - siehe Erklärung zu **D1.2**).

D 2.1

Dm7(♭5)	G7	CMaj7	Am7
Fm7(♭5)	B♭7	E♭Maj7	Cm7
A♭m7(♭5)	D♭7	G♭Maj7	E♭m7
Bm7(♭5)	E7	AMaj7	F♯m7
D♭m7(♭5)	G♭7	BMaj7	A♭m7
Em7(♭5)	A7	DMaj7	Bm7
Gm7(♭5)	C7	FMaj7	Dm7
B♭m7(♭5)	E♭7	A♭Maj7	Fm7
Cm7(♭5)	F7	B♭Maj7	Gm7
E♭m7(♭5)	A♭7	D♭Maj7	B♭m7
F♯m7(♭5)	B7	EMaj7	D♭m7
Am7(♭5)	D7	GMaj7	Em7

D 2.2

| Dø | G7 | C△ | Am7 |

| Fm7(♭5) | B♭7 | E♭△ | Cmin7 |

| A♭ø | C♯7 | F♯Maj7 | E♭m7 |

| Bm7(♭5) | E7 | AMaj7 | G♭m7 |

| C♯ø | F♯7 | B△ | A♭min7 |

| Em7(♭5) | A7 | D△ | Bm7 |

| Gø | C7 | FMaj7 | Dm7 |

| B♭m7(♭5) | E♭7 | A♭Maj7 | Fmin7 |

| Cø | F7 | B♭△ | Gm7 |

| E♭m7(♭5) | A♭7 | D♭△ | B♭m7 |

| G♭ø | B7 | EMaj7 | C♯min7 |

| Am7(♭5) | D7 | GMaj7 | Em7 |

CD ÜBERSICHT